소복이
만화로 일기 쓰는 만화가.
회사를 잘리다시피 그만두고 인생이 이대로 망할 줄
알았는데 계획에 없이 만화가가 되었다. 만화책과 그림책에
쓰고 그리는 일을 하며, 내 만화를 필요로 하는 몇몇 매체에
짧은 만화를 꾸준히 연재한다. 되도록 매일 그림일기를
그리려고 노력한다. 주로 가족과 친구를 관찰해 만화를
만든다. 여전히 만화 그리는 게 세상에서 제일 재밌다.
지은 만화책으로는 『구백구 상담소』, 『소년의 마음』,
『애쓰지 말고, 어쨌든 해결』, 『파리라고 와 봤더니』, 『이백오
상담소』, 『우주의 정신과 삶의 의미』, 『시간이 좀 걸리는
두 번째 비법』, 『왜 우니?』, 『엄마 말고, 이모가 해주는
이야기』가 있고, 그린 책으로는 『오늘도 학교로 로그인』,
『노랑이 잠수함을 타고』, 『어린이 마음 시툰: 우리 둘이라면
문제없지』, 『그 녀석, 걱정』, 『물은 예쁘다』 등이 있다.
sobogi.net

만화 그리는 법

© 소복이 2021
이 책은 저작권법에 의해 보호받는 저작물이므로
무단전재와 복제를 금합니다.
이 책 내용의 전부 또는 일부를 이용하려면
저작권자와 도서출판 유유의 서면동의를 얻어야 합니다.

만화 그리는 법

당신도 만화가가 될 수 있다!

소복이 지음

들어가는 글

손톱만 한 사각형을 세상에서 가장 재미있게 채우는 방법

"소복이! 소복이!"

집이 작아 내가 안 보일 리 없는데 짝꿍이 이리저리 급하게 나를 찾는다.

"왜."

어떤 일이 생기면 실제 일보다 1.7배 정도 더 흥분하는 짝꿍을 진정시키려고 차분히 대답한다.

"나 좋은 생각이 났어."

"얘기해 봐."

별로겠지만 들어 준다.

"아이가 어른으로 자라지 않고 더 큰 아이로 자라는 이야기야."

"더 얘기해 봐."

의외로 괜찮을 때도 있다.

"아이가 아이의 특성을 잃지 않고 점점 자라는 거지. 그러니까 어른은 안 되는 것이고 크기만 커진 아이랄까?"

"음...... 나쁘지 않은데?"

"그치, 그치? 까먹을 수 있으니까 내가 적어 둘게."

내가 손으로 내 노트를 가리키자 신나게 뛰어가서 연필로 진지하게 써 내려 간다. 그 사이 우리 집 어린이는 티셔츠의 팔 한쪽만 겨우 입고 엎드려서 그림을 그린다. 괴물을 그렸군. 저 괴물 마음에 든다.

"잘 그렸네."

"그치? 나 잘하지. 이건 대단한 괴물이야. 이가 독니야, 독니! 화염 발사도 할 수 있어."

역시 만화가의 자식이다 칭찬을 늘어놓으니 선물이라며 그림을 내 손에 쥐여 준다. 나는 그림을 받아서 내 책상 옆에 붙여 두고 매의 눈으로 그림을 살핀다. 이거 한번 써먹어야지.

나는 이렇게 만화를 그려 왔다. 가족과 친구를 알뜰하게 써먹었다. 텔레비전 앞에 밥상을 펴고 텔레비전 보면서 만화를 그리고, 놀 일이 있으면 종이와 펜을 싸 들고 놀러 나가 그렸다. 연애를 할 때는 애인 얘기를 그렸고, 아이를 낳고는 육아일기를 그렸다. 좋아하는 것은 엄청 좋아한다고 그리고, 싫어하는 것은 정말 싫어한다고 그렸다. 이렇게 그려 왔더니 만화를 그리지 않을 때도 마치 만화를 그리고 있는 듯한 기분이 든다. 만화가 내 한가운데 들어와 있다. 이런 삶은…… 행복하다.

"그냥 그리면 돼."

만화 그리는 법을 물어보면 이렇게 대답했다. 시간이 조금 지나서는

"그냥 그리면 되는데, 쉽지 않지?"

라고 말하게 되었다. 그냥 그리는 일이 그리 쉬운 일이 아님을 알게 된 것이다.

"매일 그림일기를 써 보면 어때?"

그러다 이제는 제안도 할 줄 알게 되었고,

"결국 잘 읽히면 잘 그린 만화야. 그러니 대사 쓸 때 술술 읽히는지 잘 봐."

조금 더 구체적으로 얘기할 수 있게 되었으나, 그 이상은 나도 잘 모르겠다.

재밌게도 만화 그리는 법에 관한 글을 쓰면서, 늘 하

고 있으나 모르고 있던 것들에 대해 알게 되었다. 영감이 오지 않았을 때 만화 그리는 법, 캐릭터 만드는 법, 이야기 만드는 법, 채색하는 법……. 글을 쓰면서 좀 더 명확해졌다.

   하지만 결국은
   "그냥 그리면 돼."
   또 이렇게 대답할 거다.

   그러니 말이다…… 내가 이런 말을 하면 모두들 웃던데, 당신도 만화가가 될 수 있다!

   2021년 여름
   소복이

들어가는 글   9

1   저도 만화는 처음입니다만   15
　　만화의 시작은 거짓말

2   우주에서 보면 나는 먼지 같은 존재   19
　　숨기지 않고 그려 보기, 콘티부터!

3   그림일기를 쓰세요   27
　　만화가가 되는 가장 쉬운 방법

4   직업으로서의 만화가   35
　　굶어 죽지 않고 만화가로 사는 방법

5   만화가도 마감 노동자   45
　　만화 완성을 위한 시간 관리

6   그림이랑 똑같이 생겼네요!   51
　　사람들의 얼굴에서 만화 속 인물의 특징 찾기

7   관찰과 경험, 추억으로 그리는 공간   57
　　만화의 배경을 구상하고 그리는 법

8   만화에 색깔 더하기   63
　　흑백 만화와 컬러 만화

9   가족과 친구를 만화 속으로   69
　　만화 주인공 만들기

10   만화도 엉덩이가 그린다   75
　　만화 완성하는 법

11	만화와 일상 넘나들기 만화가 될 이야기 만들기	81
12	그 순간 그려야 만화가 된다 육아 만화 그리기	87
13	만화가 vs. 만화를 그리는 사람 단 한 명뿐인 제자와의 인터뷰	93
14	이 정돈 나도 그리겠네 그림 실력과 만화 그리기는 다소 무관합니다	99
15	영감을 부르는 만화가의 작업실 만화 그리기에 적합한 장소	105
16	남의 글로 만화 그리는 법 이미 스토리가 있는 글에 그림 더하기	111
17	만화가 끝나면 시작되는 일들 작업실 밖 만화가의 일	117
18	저도 만화를 그릴 수 있을까요? 작은 궁금증 모음	123

{ 1 }
저도 만화는 처음입니다만

만화의 시작은 거짓말

첫눈에 반했다.

그 남자는 만화가였다. 빡빡 깎은 머리와 개구쟁이 같은 눈빛에 반해 버렸다. 그는 솔직하고 자유로웠다. 아무것도 책임지지 않을 것 같이 흔들흔들 걷는 모습이 좋았다. 그와 함께 있으면 나도 그런 사람이 될 수 있을 것 같았다.

그가 물었다.

"만화 그려 보지 않을래요?"

나는 만화를 보지 않았다. 만화를 그리지도 않았다. 만화를 그리고 싶다는 생각은 단 한 번도 해 보지 않았다.

"네."

거짓말을 했다. 만화가 남자와 잘되려면 나도 만화를 그려야 한다. 대화라도 시작하려면 만화를 그려야 한다. 얼굴이라도 한 번 더 보려면 만화를 그려야 한다.

그가 직접 만화를 가르쳐 줄 줄 알았는데, '새만화책'이라는 출판사에 나를 데리고 갔다. 그곳에서 편집장인 김대중 씨를 만났다.

"만화 좋아해요?"

김대중 씨가 물었다.

"네."

또 거짓말을 했다.

"스프링 끼워져 있는 연습장 알죠? 그 연습장 한 권을 크로키로 채워 오세요. 그리고 자신을 소개하는 만화를 그려 오세요. 2주 후에 다시 만나요."

김대중 씨가 숙제를 내 줬다.

"크로키는 어떻게 하는 건가요?"

크로키는 많이 들어 본 말이다. 그런데 어떻게 하는지는 몰랐다.

"눈에 보이는 것들을 연습장에 그리면 됩니다. 방을 둘러보면 책상이 있고 의자가 있죠? 그런 것들을 그리면 됩니다. 밖에 나가면 지나가는 사람들이 있습니다. 그 사람들을 그리면 됩니다. 아무거나 그리면 돼요."

"자신을 소개하는 만화는요?"

나는 정말 아무것도 몰랐다.

"소복 씨가 어떤 사람인지 저한테 알려 주는 이야기를 만화로 그려 오세요."

사실 숙제에는 관심이 없었다. 만화가 남자가 자전

거를 타고 와서 땀을 뻘뻘 흘리며 내 옆에 서 있었기 때문이다. 건강한 냄새가 났고 건강한 미소는 나를 향한 것 같았다.

집으로 돌아오는 길에 연습장을 한 권 샀다. 지나가는 사람의 뒷모습, 내 손, 밥 먹는 우리 엄마, 나무, 자동차……를 그렸으나 스무 장쯤 그렸더니 더 이상 그릴 것이 없었다. 나를 소개하는 만화는 또 어떻게 그린단 말이냐. 만화를 본 적도 별로 없지만 자신을 소개하는 만화는 들어 본 적도 없었다. 만화가 남자의 말로는 다른 사람들에게는 자신을 소개하는 글을 A4 100장 분량으로 써 오라는 숙제를 내 준다고 했다. 아…… 나한테도 그런 걸 시키면 어쩌지.

어쨌든,

만화가 시작되었고,

만화가와의 연애도 시작되었다.

{ 2 }
우주에서 보면 나는 먼지 같은 존재

숨기지 않고 그려 보기, 콘티부터!

"소복 씨, 우주에서 보면요. 소복 씨는 먼지 같은 존재예요. 소복 씨가 무슨 얘기를 하든 아무 상관이 없어요."

내가 그려 온 만화를 보고 김대중 씨가 말했다.

나는 아무것도 아닌 것을 그렸다. 내 만화에는 보이고 싶은 소복이만 있었고 진짜 소복이는 없었다. 남들에게 얘기해 본 적 없는 소복이, 가슴 속에 숨겨 놓은 소복이, 부끄러운 소복이, 한 번쯤은 말해 보고 싶은 소복이는 없었다.

누구나 처음 글을 쓰거나 만화를 그릴 때는 자신이 드러나는 이야기를 내놓기가 쉽지 않다. 그런 이야기는 아주 오랜 시간 함께하며 비밀을 공유하는 친구에게도 털어 놓을까 말까 한 것이다. 더군다나 나는 만화가의 꿈도 없던 터라 그런 얘기까지 하고 싶지 않았다. 이제 두 번째 만나는 사람에게 그런 비밀스러운 얘기를 할 수는 없었다. 속 깊은 얘기를 원하는 김대중 씨에게 화가 났다. 절대 그런 얘기는 내놓지 않겠다고 다짐했다.

그런데 우주의 먼지 같은 존재라니! 순간 내 눈앞에 까만 우주가 펼쳐지고 눈에 보일락 말락 한 먼지 하나가 바람에 휙 날아갔다. 그렇다. 사실 나는 먼지였다.

대중 씨는 작은 밥상을 펴 주며 콘티를 30장 완성하라고 했다. 그래야 집에 갈 수 있다고 했다. 만화가의 꿈도 없었지만, 그곳을 박차고 나올 용기도 없었다.

"콘티가 뭐예요?"

이제는 말할 수 있다. 콘티는 만화의 시작이고 거의 전부라는 것을. 콘티란 스케치나 펜, 컬러 작업에 들어가기 전, 간략한 그림과 대사를 적어 놓는 것을 말한다. 콘티만 다 짜면 좀 누워 있거나 밀린 드라마를 보거나 맥주를 한 캔 마셔도 괜찮다.

콘티를 짜기 전에 컴퓨터로 글을 먼저 쓰는 작가도 있다. 그 글을 바탕으로 콘티 작업을 하는 것이다. 내 경우는 아무것도 없는 흰 화면에 글을 쓰는 것이 너무 어려워 콘티부터 짜는 식으로 작업한다. 김대중 씨가 콘티 짜기부터 시켜서 이렇게 습관이 잡힌 것 같기도 하고, 일의 과정을 한 단계라도 줄여 보려는 내 급한 성미 때문일 수도 있다.

만화 한 페이지에는 여러 컷의 그림이 들어가지만

생각보다 많은 이야기를 담기는 어렵다. 무리해서 많은 이야기를 담으려 하기보다 만화의 전체 분량을 먼저 정해 놓고 큰 흐름을 만든 후에 콘티를 짜는 편이 좋다.

일의 진행 상황을 (만화) 편집자에게 공유하거나 미리 보여 줄 필요가 없다면 콘티는 본인만 알아보면 된다. 나는 작은 노트에 아주 작은 크기로 콘티를 짠다. 실제 만화 한 페이지의 콘티가 내 엄지손가락 두 개를 합한 크기 정도다. 네모 칸을 작게 그리고, 그 칸을 더 작게 나누어 각 칸에 이야기를 쓰고 간략한 그림을 그린다. 웹툰의 경우 만화 한 칸을 엄지손톱 크기로 그린다. 간혹 펜 작업을 바로 하지 않고 묵혀 두면 나조차 알아보지 못할 때도 있다. 그래도 굳이 이렇게 작게 그리는 이유는 작게 그려야 여러 페이지를 한눈에 볼 수 있어서 만화의 전체 흐름을 읽기 쉽기 때문이다. 되도록 펼쳐진 노트 두 페이지 정도를 만화 한 편에 사용한다. 처음 만

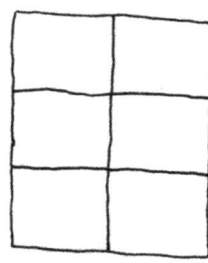

← 아주 작은 크기의 콘티 칸

화를 시작했을 때는 콘티를 실제 만화책 사이즈로 그렸다. 그렇게 작업하면 콘티 짜는 부담이 좀 커지지만, 콘티가 그대로 만화의 스케치가 되기도 한다.

콘티 작업을 마치고 펜 작업을 시작하면 콘티가 거의 그대로 반영이 되지만, 순간 더 괜찮은 생각이 떠올라 수정이 되기도 하고, 콘티를 짤 때는 생각나지 않아 비워 둔 말풍선이 풍성하게 채워지기도 한다. 콘티는 탄탄히 잘 짜는 것이 정말 중요하지만, 새로운 이야기가 떠오르게 살짝 열어 두어도 괜찮다.

콘티 작업을 할 때 아이디어가 잘 떠오르면 마치 내가 천재 만화가가 된 것 같이 느껴지고, 잘 풀리지 않으면 괜히 만화가가 되었다며 자책한다. 콘티 작업은 땅속까지 파고들다가 우주까지 솟아오르기를 반복하는 과정이다.

간혹 콘티 없이 만화를 그리는 경우도 있다. 시작도 안 했는데 마감이 며칠 남지 않았을 때. 머릿속으로 대략의 이야기 얼개만 짜고 바로 펜 작업을 하는 것이다. 이러면 만화가 진행되면서 앞부분을 수정하고 싶어도 이미 그려 놓은 만화를 다시 그리기가 쉽지 않다. 게다가 마감이 코앞이다! 몇 번 이런 경우를 거치며 내가 천재가 아님을 확신하게 된 후, 미리미리 콘티를 짜 놓는 성실한 만화가가 되기로 결심했다. 내 경험으로는 단편 만화 한 편을 그리는 데 10일 정도의 일정이 주어진다면 6일은 콘티를 짜고, 4일은 펜 작업을 하는 일정이 안전하다. 콘티만 짜여 있다면 마감을 앞두고 여행을 다녀올 수 있을 만큼 마음이 너그러워진다.

대중 씨가 A4 용지를 내밀었다.

"네모 칸을 그려서 칸 안에 간략하게 그림을 그리고 대사를 쓰면 됩니다. 한 페이지에 여섯 칸을 기본으로 하세요. 여섯 칸으로 연습을 시작하는 것이 좋습니다. 그 정도 되어야 한 페이지에서 이야기의 흐름이 보여요."

나는 우주의 소복이가 되어, 먼지 같은 소복이가 되어 콘티를 그리기 시작했다.

한 달 전에 소개팅을 했었다. 그 남자를 처음 보자마자 느꼈다. 저 남자 나한테 반하지 않았구나. 차를 마시고 밥을 먹는 내내 나한테 관심 없는 그 남자의 눈빛이 나를 처참하게 만들었다. 집으로 돌아오는 지하철에서 서러운 마음에 까만 창밖만 하염없이 바라보았다. 나는 왜 이렇게 생겨 가지고 남자 마음 하나 사로잡지 못

할까. 7년 사귄 그 남자는 나를 왜 떠나 가지고 내가 이 꼴을 당하게 만드는지. 너무 슬프고 비참했다. 눈물이 주르륵 흘렀다.

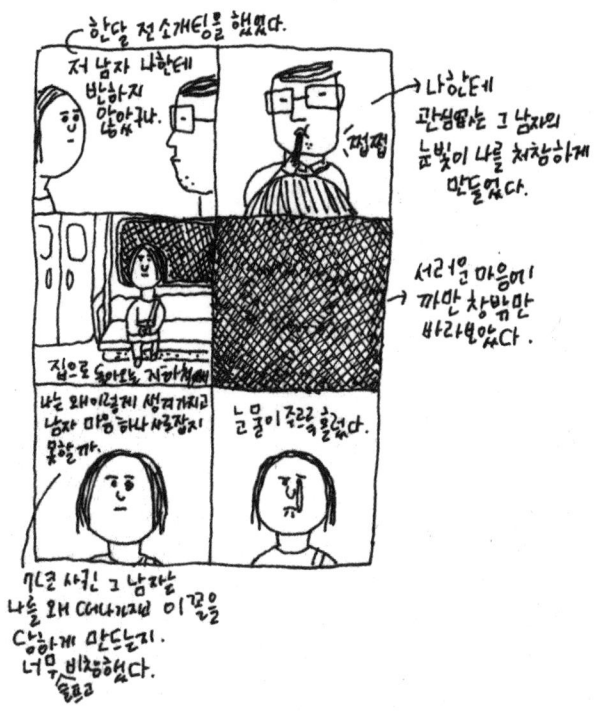

{ 2 } 우주에서 보면 나는 먼지 같은 존재

그래! 우주의 소복이는, 먼지 소복이는 이 정도 이야기는 할 수 있다!

겨우 스무 장을 채웠을 때, 밤 10시가 넘어가고 있었다. 여기서 콘티를 그리다 잠들겠구나 생각이 들 즈음 대중 씨가 내 콘티를 읽었다.

"소복 씨, 책 냅시다."

이 콘티는 내 첫 만화책 『시간이 좀 걸리는 두 번째 비법』의 시작이 되었고, 우주의 먼지 같은 소복이는 이렇게 만화가가 되었다.

〔 3 〕
그림일기를 쓰세요

만화가가 되는 가장 쉬운 방법

"그림을 그리고 싶어요."

그녀의 아이는 우리 아이와 같은 어린이집에 다닌다.

"왜요?"

나는 그림을 그리고 싶어 하는 사람들이 항상 궁금하다. 사람들에게 그림이란 그냥 그리면 되는 쉬운 일은 아닌가 보다.

"늘 그리고 싶었는데, 못 그리고 있어요."

그림을 그리고 싶어 하는 사람은 정말 많다. 처음엔 신나서 그림 그리는 쉬운 방법을 알려 주었다. 하지만 방법을 알고도 실제로 그림을 그리는 사람은 거의 없었다. 그녀의 마음이 절실한지 아닌지 궁금했다.

"생각해 보고 정말로 그림을 그리고 싶으면 작은 노트와 마음에 드는 펜을 준비한 후 연락 주세요. 가르쳐 드릴게요."

곧 연락이 왔다. 단호박 수프를 끓여 그녀의 집으로 갔다. 그녀는 스프링이 달려 있는 노트와 펜과 색연필을 준비해 두었다. 수업은 한 번이면 된다.

① 준비물은 노트와 펜입니다.
② 노트는 작은 사이즈의 조촐한 느낌이 좋습니다. 작은 공간을 채우는 것이 부담이 적어 쉽게 시작할 수 있어요.
③ 펜은 좋아하는 종류를 쓰면 됩니다. 사인펜, 볼펜, 연필, 색연필, 물감 뭐든 좋지만 역시 쉽게 사용할 수 있는 것이 좋습니다.
④ 그리고 싶은 것을 그냥 그립니다.
⑤ 쓰고 싶은 글을 그냥 씁니다.
⑥ 사진을 찍거나 스캔을 해서 개인 홈페이지, 블로그, 인스타그램 등 원하는 매체에 올립니다.

그녀는 사적인 그림과 내용을 공개적인 매체에 올리는 것이 부담스럽다고 했다. 그런데 직업으로 만화를 그리는 것이 아니라면 부담은 의외의 동력이 될 수 있다. 순수하게 개인적으로 그린 만화도 공개된 공간에 올리기 시작하면 작가가 마감을 하는 것과 비슷한 경험을 할 수 있기 때문이다. 소재는 나, 가족, 친구, 회사 등 일상에서 찾는 편이 가장 쉽다. 즉 만화 그리는 연습이란

지극히 사적인 일상을 만화로 그리고, 마감하듯 일정한 시간에 공개된 공간에 올리면 되는 것이다.

이렇게 이야기하며, 막상 올린 만화를 보는 사람은 가족이나 친구가 대부분이고, 생각보다 열심히 보는 사람이 많지 않으니 일단 시작해 보라고 다시 권했다.

나는 2003년 6월에 첫 그림일기를 썼다. 당시 남자친구였던 '소복이애인님'이 얼른 댓글을 달아 주었다. 10년이 훌쩍 지났고, 몇 년 후면 20년도 더 된 일이 될 테니 이제 '소복이애인님'이 댓글을 달아 주지는 않지만 나는 여전히 그림일기를 그린다. 지금까지 1,086편의 그림일기가 모였다.

그림을 그려 본 것도 글을 써 본 것도 아니고 따로 그림을 배우거나 대학에서 전공한 것도 아닌데 과연 만화가가 될 수 있을까? 이렇게 의심하는 사람이나 만화는 특별한 사람만 그리는 것이라고 생각하는 사람, 나이가 너무 어려 겁난다거나 나이가 너무 많아 시작이 부담스럽다는 사람이 만화가가 되고 싶다고 하면, 나는 말한다.

"그림일기를 쓰세요."

처음 그림일기를 쓰기 시작했던 이유가 만화가가 되고 싶어서는 아니었지만, 나 역시 만화가가 된 방법은 그림일기를 쓴 것이었다. 그림일기를 쓰면 매일 그림을 그리고 글을 쓸 수 있다. 매일 한 장씩이지만 꾸준히 하면 결코 적지 않은 양이 된다. 또 매일 작업을 하는 습관이 길러지고 자신에게 맞는 그림과 글을 찾아 나갈 수 있다. 내 이야기를 매일 하면서 내가 하고 싶은 이야기를 알게 되는 것이다.

시작은 내가 좋아하는 음악, 책, 여행에 대한 이야기였다. 주로 나만 등장하다가 가족, 친구, 애인이 등장한다. 웃기는 사건을 그리고, 우울한 감정을 그린다. 그리고 요즘 나의 일기엔 우리 아기만 등장한다.

내 그림일기를 보고 첫 그림 일이 들어왔고, 만화 선생님 김대중 씨도 내 그림일기를 보고 만화를 해 보자고 제안했다. 만화가가 되는 길은 여러 가지겠지만, 어떤 길로 가야 할지 모르겠다면 그림일기 쓰는 것으로 시작해 보길 권한다. 그리고 시작했다면 계속하길 응원한다. 그림일기는 만화가나 그림 작가가 되려는 사람뿐 아니라 다른 바람이 있는 사람들에게도 좋다.

- 매일 뭔가 하고 있다는 뿌듯함을 주니까.
- 손을 꾸준히 움직이는 일은 마음을 편안하게 한다. 뜨개질, 우드카빙과 비슷한 효과가 있다.
- 나를 들여다보고 나를 만화로 표현하는 일은 나를

객관화시킨다.
- 나의 고민이나 의문을 그리다 보면 나도 모르게 생각이 정리된다.
- 만화 속 내 모습을 보는 일로 나의 다른 가능성을 찾을 수 있다.
- 나의 만화를 보는 독자가 생긴다. 그들에게서 생각지도 못했던 관심과 지지를 받을 수 있다.

만화가가 된 후 출산과 육아의 과정을 거치며 만화와 점점 멀어지고 다시 만화를 그릴 수 있을까 두려웠던 적이 있다. 아이를 키우며 잠도 쪽잠을 자야 할 만큼 조금의 여유도 갖지 못했다. 그림을 그리고 만화를 만드는 일이 숨 쉬는 것처럼 일상을 가득 메웠고, 할머니가 되어 출판사에서 나를 찾지 않는다 해도 떨리는 손으로 그림은 계속 그릴 것이라 생각했다. 내 인생에서 그림을 못 그리게 되는 날이 아기와 함께 사는 삶과 같이 오게 될 줄은 생각도 못했다. 아기의 엄마가 되어 보니 엄마이면서 동시에 만화가는 될 수 없을 것 같았다. 그랬던 나를 다시 숨 쉬게 해 준 것도 그림일기였다.

육아에 지친 어느 날, 잠깐 아이를 두고 기차를 타고 울산에 다녀올 일이 있었다. 서울에서 울산, 출산 후 아이와 가장 멀리 떨어진 날이었다. 일을 마치고 집으로 돌아가는 기차에서 창밖을 보니 눈물이 나왔다. 가방에서 노트와 볼펜을 꺼내 흔들리는 기차에서 흔들리는 펜으로 그림을 그렸다. 아이와 가장 멀리 떨어진 그곳에서 아이의 이야기를 그리고 쓰게 되었다. 그때부터 다시 만화를 시작할 수 있었다.

"늘 그리고 싶었는데 못 그리고 있"다던 그녀는 벌써 26개의 그림일기를 인스타그램에 올렸다. 2~3일 간격으로 부지런히 거침없이 그려 올린다. 똑같이 생긴 맥주 다섯 병을 그린 어느 날의 그림일기는 애들을 재우고 한 잔이라도 마시고 싶어 하는 그녀의 열망을 그대로 전한다.

그녀는 감동스럽다.

{ 4 }

직업으로서의 만화가

굶어 죽지 않고 만화가로 사는 방법

만화가가 되었다. 이제 다시 직장인으로 돌아가지 않아도 된다. 지하철에서 회사까지 달리기 안 해도 되고, 싫어하는 사람이랑 점심 안 먹어도 된다. 나는 내가 만화가라는 게 재밌어 죽을 것 같았지만 이제 굶어 죽지 않을 방법을 찾아야 한다. 쌀이 필요하다.

그림을 그려 주면 쌀을 준다는 연락이 왔다. 생활협동조합 '한살림'과 환경운동 시민단체 '녹색연합'이 함께 제작한 책자의 디자이너를 통해 월간지 『우리농』 담당자를 만나게 되었다. 신기하게 비슷한 일을 하는 사람들은 연결되어 있다. 『우리농』 담당자는 미안한 얼굴로 원고료를 현금이 아닌 쌀로 하면 어떻겠냐고 제안했다. 당장 바쁜 일도 없었고 현금을 받아도 쌀을 샀을 것이라 흔쾌히 승낙했다.

지금부터 15년 전의 일이다. 그때부터 지금까지 『우리농』 소식지에 그림을 그리고 있다. 한 달에 한 번 메일로 주제가 오고 그 주제에 맞게 그림을 그리면 원고료가 쌀로 온다. A4 반 사이즈의 종이에 메일로 도착한 그 달의 주제를 0.2밀리미터 두께의 아트라인 펜으로 그리고 색연필로 채색한다. 『우리농』은 모든 생명이 조화롭게 살아야 인간도 생존을 이어 갈 수 있다는 생각 아래 우리 농업 살리기 운동을 하는 곳이다. 나의 생각과도 닿아 있어 작업이 어렵지 않다. 지금은 잡곡도 오고 과일도 오고 과자도 온다.

만화가에게 연재를 한다는 것은 잠시 직장을 다니는 것과 비슷하다. 연재는 보통 1~2년 단위로 계약을 하는데, 계약직 직장인 같은 느낌이다. 그 말은 그동안은 생계 걱정은 잠시 미뤄 두어도 된다는 말이다. 매달 같은 날짜에 원고료가 들어오고, 다른 작업 말고 연재하는 만화에만 신경 쓰면 된다. 또 연재가 쌓이거나 연재를 종료하면 그 만화들을 묶어서 책으로 출판할 수 있기 때문에 연재를 한다는 것은 적금을 드는 것 같기도 하다. 연재를 하지 않으면서 그만한 분량을 매달 스스로 작업하는 것은 어지간히 성실한 만화가라도 쉽지 않기 때문이다.

『고래가 그랬어』에는 「엄마 말고 이모가 해 주는 이야기」를 연재하고 있다. 『고래가 그랬어』는 재밌는 만화와 다양한 색깔의 이야기가 가득 담긴 월간 어린이 교

양지다. 강연을 갔다가 만난 어떤 아이가 그린 그림이 생각난다. 바다에 배가 떠 있고, 그 배가 점점 어두운 하늘의 비가 쏟아지는 곳으로 떠내려가고 있다. 아이는 곧 4학년이 되는데, 다녀야 할 학원이 점점 늘고 있고 자기가 그 배 같다고 했다.

아이들은 행복해지는 방법을 배우지 못한다. 무서운 세상에서 남들보다 조금이라도 더 배워서 뒤처지지 않는 방법을 배운다. 서로를 돕는 방법을 배우지 못하고 경쟁해서 이기는 방법을 배운다. 나는 그런 어린이들이 좀 안쓰럽다. 토닥토닥 괜찮다는 얘기를 해 주고 싶었다. 미래를 너무 준비하지 않아도 괜찮고, 신나게 놀아도 괜찮고, 실컷 울어도 괜찮다고 말해 주고 싶었다. 이 만화는 정해진 주제 없이, 매달 하고 싶은 이야기를 생각했다가 한 장의 그림으로 담아내면 된다. 글은 들어가지 않거나 한두 문장 정도로 짧게 들어간다. 4B 연필로 진하게 그린 후 색연필로 채색한다. 벌써 40편의 이야기가 연재되었다. 자꾸만 '엄마'가 되려는 나를 잘 잡아 두고 '이모'가 되어 거침없이 얘기하는 것이 중요한 연재다.

『고래가 그랬어』에는 두 번의 긴 연재를 했다. 두 번째 연재를 종료하고도 다음 연재에 대해 즐겁게 이야기를 나누긴 했지만, 그사이 엄마가 되어 버려서 연재 작업 시간을 내기가 쉽지 않았다. 그때 편집장님이 절충안을 내놓았다. 여러 페이지를 채워야 하는 만화 연재가 어렵다면 분량이 적은 만평 연재는 조금 편하게 할 수 있지 않겠냐는 얘기였다. 오랜 시간 서로에게 신뢰가 쌓인 터라 무엇이든 그려도 다 좋다는 편집장님의 말에 용기를 내어 세 번째 연재를 시작할 수 있었다.

「이럴 줄 몰랐지」는 시민단체 '참여연대' 소식지 『참여사회』에 연재하는 두 페이지짜리 일상 만화다. 이 연재는 짝꿍인 남편, 아이와 살아가는 일상 이야기를 바탕으로 매달 다른 주제를 잡아 그린다. 2년 정도 연재할 계획이었는데 벌써 4년이 다 되어 간다. 짝꿍도 아이도 여전히 내 옆에서 복닥복닥, 수많은 미움과 사랑을 나누며 살고 있으니 그릴 이야기는 무궁무진하다. 짝꿍과 싸우고 어렵게 화해한 이야기, 아이가 열경련으로 응급실 간 이야기, 막내 이모 같은 시어머니 이야기, 설날에 전 부치지 않고 바이킹 탄 우리 엄마 이야기 등등. 이 만화는 색연필로 선을 그리고 0.2밀리미터 두께의 아트라인 펜으로 글씨를 써서 완성한다. 곧 책으로 나올 예정이다.

이 연재도 알음알음으로 제안받은 것이다. 『작은 것이 아름답다』라는 책에 삽화를 그리면서 인연이 닿은 출판사 편집장님이 참여연대 소식지 작업에도 참여하고 있었고, 그 인연으로 내게 작업을 제안해 주었다. 참여연대 소식지엔 무겁고 진지한 내용이 대부분인데, 가볍고 일상적이고 따뜻한 이야기가 필요하다고 하셨다. 제안을 받고 과연 매달 연재를 할 수 있을까 고민하던 때에 짝꿍이 나를 적극 설득했다. 이 작업 시간만은 최선을 다해 마련해 주겠다는 약속까지 했다. 현재 최선을 다해 시간을 마련해 주고 있지는 않지만, 나를 웃기고 울리며 틈틈이 소재를 제공해 주고 있다.

『월간 채널예스』에 「소복이가 책 읽어 줍니다」로 책 소개하는 만화를 한 달에 한 번 연재하기도 했다. 1년간 12개의 이야기를 그렸다. 소복이가 주위 사람에게 책 한 권을 골라 읽어 주는 콘셉트였다. 그림책으로 시작해서 만화책도 읽어 주고 에세이도 읽어 준다. 책을 읽어 주지만 결국 상대방의 마음을 이해하고 위로하는 만화였다. 한 페이지를 기본 12칸으로 나누어 이야기를 담아냈다. 0.1밀리미터 아트라인 펜으로 그림을 그리고 색연필로 채색했다.

이 작업 제안은 어떤 인연과도 관계없이 찾아왔다. 평소 『월간 채널예스』의 마지막 페이지쯤 실리는 만화를 보며 나도 하고 싶다, 해 보고 싶다…… 주문을 외웠더니 정말로 연락이 왔다. 그래서 고민할 필요도 없었다.

나중에 책으로 출간된 『구백구 상담소』는 웹툰 플랫폼 '저스툰'에 매주 한 편씩 1년간 연재했던 작품이다. 『이백오 상담소』를 재미나게 본 위즈덤하우스의 편집장님이 아주 오래전에 웹툰 제안을 해 준 적이 있다. 그때 웹툰 연재는 하지 않았지만 편집장님과 가끔 만나 일은 하지 않고 밥 먹고 차 마시며 이야기를 나누곤 했다. 그 시간이 오래 이어지던 중 위즈덤하우스에서 '저스툰'이라는 웹툰 플랫폼 사업을 시작했고, 다시 한번 연재를 제안해 주셨다. 『이백오 상담소』의 두 번째 얘기를 하고 싶었던 때인데 시작이 잘 되지 않던 때라 제안에 힘을 얻어 연재를 시작했다. 외계인 남편과 사는 상담사가 아이를 키우며 상담소를 운영하는 이야기이다. 콘티를 짜고 담당 편집자에게 검토를 받고 펜 작업을 진행했다.

대부분의 웹툰 작가는 컴퓨터로 작업을 한다. 웹툰은 분량이 많고, 마감이 빨리 돌아오기 때문에 컴퓨터로 작업하는 것이 편하고 효율적이다. 편집까지 생각하면 더 그렇다. 나는 그냥 손으로 그리고 색연필로 채색했다. 좀 미련하긴 한데 이렇게 그리는 것이 더 좋다. (사실 컴퓨터로 그림을 그려 본 적이 없다.)

가장 기억에 남는 연재는 녹색연합 소식지 『녹색희망』에 오랫동안 연재했던 「소복이의 그린 세상」이다. 이 연재로 사람들에게 많이 기억되었고, 나도 자연과 사람과 동물과 더불어 사는 삶의 가치를 알게 되었다. 내달 녹색연합에서 글을 보내 주면 그 글을 읽은 후, 사람들이 쉽게 이해하고 행동할 수 있도록 만화 한 컷을 그렸다.

이 연재의 시작은 『녹색희망』 담당자가 평소 내 그림일기를 즐겨 보던 것에서 시작됐다. 그림일기처럼 일상적으로 환경 문제가 쉽고 편하게 다뤄지면 좋겠다고 생각했던 것 같다. 그렇게 만나 연재를 시작했다.

연재 제안은 주로 상대방 쪽에서 먼저 연락이 온다. 하지만 마음에 드는 매체가 있다면 먼저 연재 제안을 해 봐도 좋을 것 같다. 완성된 만화 한 편과 콘티 두세 편 정도를 편집자의 메일로 보내면 된다. 좀 더 확실히 하고 싶으면 전화 연락도 챙기면 좋고.

평소 즐겨 보았거나 흠모하던 매체에서 먼저 제안이 들어온다면 당장 수락하면 되겠지만, 그렇지 않고 사전 정보가 없는 매체에서 제안이 오면, 먼저 그 매체의 색깔이 내 생각의 방향과 맞는지를 확인해 본다. 나와 잘 맞는 매체라면 당장 떠올릴 수 있는 이야기를 몇 개 적어 본다. 리스트가 여러 개 나열될 만큼 그릴 이야기가 있다면 수락을 결정하면 된다.

연재는 마감이 제일 중요하고, 그 마감일은 엄청나게 빠른 속도로 돌아온다. 마감을 잘 지키기 위한 가장 좋은 방법은 마감을 하자마자 바로 다음 마감을 챙기는 것이다. 사실 나는 한 번도 이렇게 해 본 적이 없다. 다음 연재는 꼭 이렇게 해 보자 다짐해 본다.

나의 경우, 연재를 시작하기 전에 쉽게 마감하는 방법을 설정해 놓는다. 예를 들어 그림의 선은 손으로 그려도 컬러는 컴퓨터로 작업하는 식이라든가. 너무 공을 들인 그림보다는 쉽게 그리되 내 느낌을 잘 전달하는 그림 방식을 선택하기도 한다.

연재는 꽤 오래 지속되기 때문에 작업을 하다 보면 그림일기처럼 내 생각과 느낌을 꾸준히 보여 주게 된다. 남의 생각을 그리거나 아무 생각 없이 그리는 건 금방 한계에 부딪힌다. 솔직함이 연재를 이어 나가는 가장 좋고 쉬운 방법이다. 그렇게 그리고 싶은 이야기를 꾸준히 그리다 보면 내 글과 내 그림만이 가지는 나만의 색깔이 생기고, 다음 연재도 나와 비슷한 결을 가진 매체로 이어지게 된다.

매주 수요일 오전 10시, 뜨개질 모임에 참석한다. 컵받침을 뜨고, 텀블러 주머니를 뜨고, 가방도 뜰 계획이며, 가을부터는 털모자를 아주 많이 떠서 사람들에게 선물할 계획이다. 매주 화요일 오후 2시 40분엔 걷기 모임이 있다. 집에서부터 홍제천을 따라 안산까지 걸어갔다 온다. 한 달에 한 번 일요일 오전 9시에는 글쓰기 모임을 한다. 다음 달 주제는 '낮술'이고 낮술을 마시며 글을 써 보기로 했다. 다음 연재는 소모임에 대한 만화로 해 보고 싶다.

{ 5 }
만화가도 마감 노동자

만화 완성을 위한 시간 관리

A4 여섯 쪽 분량의 만화를 그려야 했다. 매주 월요일이 마감이었다.

아마 만화를 시작하고 3~4년쯤 되었을 무렵이었는데, 『한겨레』 신문의 인터넷 매거진 『훅』에서 웹툰 연재 제안이 왔다. 『훅』은 여러 필자의 다양한 글을 연재하는 매거진이었고, 평소 좋아하는 작가들이 필진으로 몰려 있어서 고료가 적었지만 제안받자마자 하고 싶은 마음이 들었다. 고료가 적은 만큼 많은 시간을 쏟지 않고 작업할 수 있는 분량이 어느 정도일까 고민했고 A4 여섯 쪽이면 적당하겠다고 생각했다.

지금은 웹툰 한 편을 A4 13~14쪽 정도로 작업한다. 당시는 웹툰이 지금처럼 보편화되지 않았고 나에게도 낯설어서 효율적으로 편집하는 방법을 잘 몰랐다. 한 컷씩 볼 수 있게 편집을 하지 않고 좀 미련하지만 한 페이지씩 통째로 스캔해서 올렸다. 담당 기자가 퇴근하기 전까지 원고를 보내는 것이 당시 내 목표였다. 일주일 동안 여섯 페이지를 채우면 됐지만 그때의 나는 일도 많고, 친구도 많고, 감정도 헤펐다. 하루하루 근근이 채우며 살고 있었다. 월요일이 마감인 일을 월요일 당일에 해내는 아슬아슬한 작가였다.

아침에 일어나자마자 걸어서 40분 거리에 있는 카페로 갔다. 마포역 스타벅스였다. 직장인 손님이 많아 점심시간만 붐비는 곳이라 숨어 앉아 작업하기 적당한 카페였다. 카페까지 40분 동안 걸으며 어떤 이야기를 그릴지 생각했다. 카페에 도착하기 전까지 생각을 마쳐야 한다.

그 무렵 나는 또 남자친구에게 차였고, 슬픔은 완전히 사라지지 않았고, 문득문득 그리웠고, 술을 마시면 눈물 흘리던 시간을 보내고 있었다. 게다가 오래전 바람이 나서 날 버렸던 남자에 대한 증오도 남아 있었고, 엄마 아빠는 왜 매일 싸우면서 이혼하지 않는지 이해할 수 없었으며, 술을 마시면 엄청난 실수를 해 대던 시기였다. 만화로 그릴 이야기는 충분했다.

따뜻한 아메리카노와 샌드위치를 주문하고 노트를 펼쳐 그날의 계획을 세운다.

09:40~10:40   콘티 작업

10:40~11:00　　만화 칸 그리기
11:00~15:00　　만화 그리기
15:00~15:40　　귀가
15:40~16:00　　휴식
16:00~17:00　　스캔 및 보정

　내 모든 경험과 생각, 감정을 짜낸 작업인지라 나의 많은 것이 그대로 녹아 들어갔다. 그래서 다시 만화를 보면 화끈거렸다. 미쳤다! 이런 이야기와 생각을 다 쏟아 내다니. 나를 두고 바람나 떠나 버린 남자친구는 만화 속에서 호랑이 마누라와 토끼 자식과의 삶을 버거워하고, 마음에 두고 있는 남자는 만화 속에서나마 외딴 섬에서 딱 만나고, 자꾸 이상하게 등장하게 해서 너무 미안한 엄마와 아빠는 만화 속에서도 끊임없이 싸우고, 만화 속의 나는 매일매일 외롭다.

　다음에는 절대 절대 '이렇게' 그리지 말아야지 다짐하며 담당 기자에게 원고를 보낸다.

　하지만,

　『이백오 상담소』의 300여 페이지는 결국 '이렇게' 만들어졌다.

　그렇다면 지금은 달라졌을까? 그때와 달리 '미리 작

업하고 미리 소재들을 쟁여 놓는 작가가 되었다!'라고 말하고 싶지만 크게 달라지지 못했다. 마감이 시시각각 다가올수록 스스로 나를 파고 또 파서 만화 소재를 찾고, 그래도 안 되면 가족과 친구들을 파고 또 판다. 그러면서 지금도 간절하다. '미리미리 작업해 놓는 만화가'의 꿈만은.

{ 6 }
그림이랑 똑같이 생겼네요!

사람들의 얼굴에서 만화 속 인물의 특징 찾기

"그림이랑 똑같이 생겼네요."

"멀리서 걸어오시는데 딱 알아봤어요."

"어떻게 자기랑 똑같이 그릴 수 있어요?"

동그란 얼굴, 동그란 단발머리, 동그란 안경, 동그란 코, 동그란 점으로 그린 눈…… 사실 나는 그렇게 생기지 않았다. 사람이 그렇게 생길 리가 없다. 그런데 사람들은 그림과 '같게' 정도가 아니라 '똑같게' 생겼다고 한다.

네모난 얼굴, 큰 눈, 진한 쌍꺼풀…… 내 만화에 지나치게 자주 등장하는 내 짝꿍은 사람들이 '만찢남'(만화를 찢고 나온 남자)이라고 한다. 너무 똑같아서 만화 속 인물로 착각되어 혼돈스럽다고도 한다. 만화 속에선 주로 외계인으로 등장한다.

나의 지난 남자친구들도 내 만화에 자주 등장한다. 하지만 전혀 닮지 않게 그린다. 오히려 실제 외모와 반대로 그려서 본인도, 주변 사람들도 전혀 알아보지 못한다. 내 야속한 전 남자친구들이지만 프라이버시는 지켜

줘야 하니 이렇게 그리는 것이 예의라고 생각한다. 다만, 좀 못생기게 그려 미안한 마음이다.

『내가 만일 대통령이라면』에는 이승만부터 이명박까지 열 명의 대통령이 만화에 등장한다. 대한민국의 역대 대통령이 '만약 그때 그렇게 행동하지 않았다면?'이라는 주제로 그린 10편의 만화다. 이 만화의 주인공들은 실제 인물과 닮게 그리는 것이 중요했다. 대통령들은 검색만 해도 사진, 캐리커처 등이 넘쳐 났고 독자들은 이미 그 이미지에 익숙해져 있다. 이런 경우는 실제 이미지 요소를 활용하면 의외로 작업이 쉽다. 예를 들어 박정희의 군복과 선글라스, 전두환의 벗겨진 이마 등만 그려도 꽤 닮게 보일 수 있다.

검색만 하면 나올 만한 유명인이 아니라면 어떻게 닮게 그릴까? 코로나19가 무섭게 확산되던 어느 날 편집자 여덟 명의 캐릭터를 그려 달라는 작업을 의뢰받았다. 유유출판사의 '편집자공부책' 시리즈 출간 홍보를 위한 작업이라고 했다. 각각이 에세이, 사회과학책, 경제경영책, 문학책 등을 만들어 온 편집자였는데, 참고할 것이 사진 두세 장과 짧은 소개 글이 전부였다. 이 작업을 너무 하고 싶은데 닮게는 못 그릴 것 같다고 솔직하게 답 메일을 보냈다. 담당 편집자님이 그동안 내가 그려 온 캐릭터 정도면 충분하다고 용기를 주셨다. 해 보기로 했다. 그래, 할 수 있는 만큼만 성의를 다해서 하면 된다.

우선 연필로 닮게 그려 본다. 그렇게 그리면 여덟 명 중 두 명은 마음에 늘게 그려진다. 남은 여섯 명은 가장 두드러지는 개성을 잡아서 그것을 과장한다. 그렇게 그리면 세 명은 흡족하다. 그리고 나머지 세 명은 이렇게 저렇게 많이 그려 본다. 그중에서 마음에 드는 그림을 건진다. 결국 여덟 명 중 한두 명은 닮지 않게 된다.

만화 캐릭터 그리는 법을 정리해 보면,

- 공원, 카페, 지하철 등에서 모르는 사람들을 그려 본다.
- 가족, 친구, 애인 등 만만한 사람들을 그려 본다.
- 자신의 캐릭터를 만들고 그 캐릭터가 등장하는 만화를 그려 본다. 매일 그림일기를 쓰고 나를 등장시켜 본다.
- 반드시 닮게 그릴 필요는 없다. 사람이 아닌 과일, 채소, 동물로 그려도 괜찮다. 꼭 닮게 그리려고 애쓰지 말고, 특징 한 가지만 과장해서 그린다. 나의 짝꿍은 크고 쌍꺼풀 진 눈이 특징인데, 눈이 안경에 가

득 차서 넘칠 정도로 크게 그린다. 그와 반대로 나는 작은 눈이 특징이라 보일락 말락 하는 점으로 표현한다.

만화의 캐릭터를 그리는 데는 너무 큰 노력이나 시간을 들이지 않아도 괜찮다. 캐릭터가 좀 닮지 않았거나 마음에 쏙 들지 않더라도 앞으로 끌고 나갈 이야기 속에서 캐릭터가 자기 개성을 잘 뿜어내도록 하면 된다.

내가 그린 만화 속 내 모습이 나와 똑같아 보이는 까닭은 내가 정말 그렇게 생겨서가 아니다. 나의 만화 속에서 내 캐릭터가 내 삶을 개성 있게 살아 주고 있어서다.

〔 7 〕
관찰과 경험, 추억으로 그리는 공간

만화의 배경을 구상하고 그리는 법

혼자 살던 집은 아주 작은 원룸이었다. 방 안에 주방(싱크대)도 있고, 침실(침대)도 있고, 작업실(책상)도 있고, 세탁실(세탁기)도 있었다. 창문으로는 서강대교가 보이고 반가운 전화에 창밖을 보면 친구가 서강대교를 건너며 손을 흔들었다.

어린이집에 다니던 조카는 감기에 걸리면 어린이집에 못 갔다. 그러면 회사에 출근해야 하는 언니가 조카를 우리 집에 맡겼다. 낮에는 조카 밥 먹이고, 약 먹이고, 병원 가고, 놀이터 가고, 낮잠을 재웠다. 밤이 되면, 늘 바쁜데 무엇을 하는지는 늘 궁금한 엄마가 왔다. 엄마가 저녁 식사 준비를 하고 있으면 퇴근하신 아빠가 왔다. 아빠가 조카를 돌보면 나는 엄마를 도와 저녁 식사 준비를 함께했다. 그러면 퇴근한 언니가 왔다. 당시 오래 사귀던 여자친구와 헤어져 깊은 수렁에 빠져 있던 남동생도 왔다.

모두 여섯 명이 작은 방에 모여 밥을 먹었다. 숟가

락, 젓가락이 몇 개 없었는데 모두 밥을 먹는 데 부족함이 없었다. 밥을 먹은 후 작은 방을 꼭꼭 채워 잠을 잤다. 초보 만화가의 불안감, 워킹맘의 버거움, 전 여자친구에 대한 분노와 그리움, 손주에 대한 애틋함이 어두운 방 안 가득 섞여 서로를 토닥였다.

모두가 잠이 들면 나는 조용히 일어나 작은 스탠드를 켜고 만화를 그렸다. 잠든 가족들을 바라보며 이 작은 집에서도 모두가 먹고 잘 수 있다는 사실에 안도했다.

이 기억이 『우리 집은 너무 커』의 배경이 되었다. 복현이는 엄마, 아빠, 복진이 언니와 방 하나의 집에 산다. 어느 날 강아지 한 마리가 함께 살게 되고, 이혼당한 삼촌과 그의 아들 호야가 갈 곳이 없어 찾아온다. 게다가 친구 미나는 마치 자기 집처럼 드나든다.

책 속 복현이의 집과 내가 살던 원룸의 모습이 똑같지는 않다. 창문의 위치, 소파의 유무, 현관문의 색깔 등이 다르다. 같은 거라고는 여섯 명의 사람들이 가로, 세로로 모두 누워 잘 수 있다는 정도와 그곳이 밖에서 너덜너덜해진 마음을 품어 주는 곳이라는 것 정도다.

만화에서 배경은 만화 캐릭터가 살아가고 사건을 만드는 곳이다. 배경은 만화의 분위기를 만들어 주고 등장인물의 표정이나 대사를 대신해 주기도 한다. 하지만

이 만화의 배경은 인물들의 뒤를 채워 주는 배경을 넘어 만화의 주제가 되었다.

순천에 관한 만화를 그린 적이 있다. 그림책에 더 가까운 작업이었는데, 친구들과 순천을 여행했던 좋은 기억이 남아 있어 반가웠다. 이 만화에서 제일 중요한 것은 순천을 있는 그대로 그리는 것이다. 편집부에서 직접 순천을 방문해 많은 사진을 찍어서 보내 줬고, 검색 사이트에서도 사진이 꽤 많이 검색되어 작업에 여러모로 도움이 되었다. 만화를 그릴 때 실제 풍경을 배경으로 하는 경우는 이렇게 실사 장면을 참고해 그리기도 하는데 모든 것을 똑같이 그리는 것보다 가장 포인트가 되는 점을 똑같이 그리는 것이 중요하다. 순천만 습지의 입구를 똑같이 그린다면 옆의 나무 등은 조금 다르게 그려도 괜찮다. 이렇게 정보를 전달하는 만화여도 모든 것을 사진처럼 그리는 것보다 캐릭터와 어우러지도록 전체적인 조화를 맞추는 것이 중요하다.

여하튼 내가 딱 원하는 구도의 사진을 찾기는 어려웠는데 아마 성미가 급한 만화가였다면 순천으로 달려, 아니 기차에 몸을 실었을 것이다. 당장 그곳으로 달려가 직접 스케치할 수 없다면 사진 자료를 바탕으로 공간을 재구성해 보아야 한다. 재구성한 공간에 캐릭터를 그려 넣어 이야기를 끌고 나갈 수 있게 한다. 이렇게 작업한 만화는 이야기와 함께 배경을 보는 재미를 갖춘다.

만화 속에 배경은 어느 정도 그려 넣어야 할까? 한 페이지에 여섯 칸의 만화가 들어간다면, 그 중 두 칸 정도는 배경을 그릴 때 조금 더 신경을 쓴다. 장편 만화라면 두세 페이지에 한 번씩, 페이지 전체 혹은 3분의 2를 채우는 섬세한 배경이 들어간 만화 컷을 그린다. 만화 한 페이지에는 여러 컷의 만화가 들어가지만, 그 모두는 하나의 그림으로 봐야 한다. 그럴 때 배경은 부족한 부분을 채워 그 '하나의 그림'의 완성도를 높인다.

『소년의 마음』은 창문 하나와 방문 두 개가 배경의 전부다. 무채색의 배경은 소년이 그리는 그림에 따라 계속 달라진다. 소년이 스케치북에 말을 그리면 집 안이 여러 색깔의 말로 가득 차고 새를 그리면 알록달록한 새가 집 안을 날아다닌다. 바닥부터 파란 물이 가득 차오르면 물고기가 집 안을 헤엄쳐 다닌다. 이 만화의 배경은 뒤를 채워 주는 배경을 넘어 마음이 되고, 세상이 되고, 사랑이 되었다.

{ 8 }

만화에 색깔 더하기

흑백 만화와 컬러 만화

나는 늘 흑백 만화를 그리고 싶다. 흑과 백만 있는 그림은 너무 매력적이다. 조건이 제한된 상황에서 머릿속으로 이러저러한 상상을 하는 작업은 참 흥미롭다.

흑백 만화는 빠르게 작업할 수 있어서 그림일기처럼 매일 그리는 그림은 주로 흑백으로 작업한다. 연재하는 매체가 흑백인 경우 더 고민 없이 작업을 시작하지만 흑백이 눈에 잘 들어오지 않는 점 때문에 아쉽다면, 재료를 바꿔 보거나 추가해 보는 방법을 쓴다. 붓펜이나 검정색 색연필로 작업을 해 보거나, 컬러가 채워질 자리에 회색 색연필, 볼펜, 혹은 검정색 물감을 채워 넣으면 좀 더 풍성한 느낌이 난다.

흑백 만화 외에도 2도, 4도를 쓴 컬러 만화가 있다. 2도니 4도니 하는 건 사용하는 잉크의 가짓수를 가리킨다. 4도는 CMYK, 즉 파랑, 자주, 노랑, 검정색을 모두 쓴 것이고 2도는 검은색을 기본으로 하고 색을 하나 더 추가하여 두 가지 색을 쓴 것이다. (하나가 더 추가되면

3도 만화가 된다.)

 2도 만화는 세련된 느낌을 줄 수 있다. 보통 2도 만화는 청소년을 위한 과학, 사회 분야 책에 많이 사용된다. 2도 만화에서 컬러를 사용하는 곳은 만화가가 정하기 나름이다. 가령 등장인물의 얼굴에만 색을 입히는 만화도 있다. 나의 경우는 인물에는 컬러를 쓰지 않고 배경과 사물에만 컬러를 사용하는 편이다. 추가되는 색은 한 가지지만, 그 추가하는 색의 농도를 달리해 기본인 검정색과 혼합하면 한 가지 색을 여러 느낌으로 만들어 낼 수도 있다. 가령 파란색을 추가해서 맑은 파란색, 조금 옅은 하늘색, 어두운 푸른색을 쓸 수 있는 것이다.

 2도 만화는 컬러 작업이지만 시간이 적게 드는 장점이 있다. 컴퓨터에서 포토샵 등의 프로그램을 사용해서 색을 입히기 때문에 손작업보다 수월하고, 한 가지 컬러만 사용하니 색 조합 등을 고민할 시간도 줄일 수 있다. 4도 작업은 컴퓨터 프로그램을 사용해도 되고 물감이나 색연필 등을 써서 손으로 채색해도 된다. 2도 작업은 색 작업 자체를 컴퓨터로 해야 한다. 색연필 한 자루, 물감 한 개가 갖는 색깔은 눈으로 보기에는 딱 그 색깔, 한 가지 색으로 보이지만 인쇄기에서는 여러 색을 조합해 만들어야 하는 배합된 색깔이기 때문이다. 그래서 색연필이나 붓으로 2도 작업을 하면 인쇄 시에는 4도가 되어 버리는 상황이 발생할 수 있다.

어린이 만화나 웹툰은 컬러가 자유롭게 들어갈 수 있는 4도 작업을 선호한다. 만화책으로 읽든, 컴퓨터 모니터나 스마트폰으로 웹툰을 보든, 다채로운 컬러가 독자의 시선을 사로잡을 수 있다는 생각 때문이다. 4도 작업의 장점은 내용에 맞는 컬러를 자유자재로 사용할 수 있다는 것이다. 2도에서는 흐르는 피를 빨간색으로 표현하지 못할 수도 있다. 붉게 물든 단풍이나 무지개도 한 색깔로만 표현하기 쉽지 않다. 그에 비해 수채화 느낌으로 컬러 작업을 한 4도 만화는 정말 매력적이다. 만화지만 그림책과 다를 게 없다. 컬러 작업을 능수능란하게 하는 작가라면 말이다. 웹툰이 지금처럼 많아지기 전에는 4도 컬러 작업은 만화의 표지나 본문 속 몇 페이지에만 쓰였다. 하지만 지금은 꽤 자주 쓰인다. 만화에도 컬러가 무한하게 열려 있다. 만화라는 장르도 무한하게 뻗어 나가고 있다.

하지만 나는 모든 컬러를 다 쓸 수 있는 상황에서 오히려 컬러 선택을 어려워하는 편이다. 마음 놓고, 마음이 시키는 대로 컬러를 썼다가는 정신없는 그림이 되어 버리고 만다. 이럴 때는 컬러를 세 가지로 제한해 본다.

정해진 컬러 외에는 쓰지 않는다. 설혹 세 가지 컬러가 어울리지 않는 컬러라도 여러 페이지에서 반복해서 적절히 등장하면 그 자체로 통일성을 주어 안정감이 생기고, 컬러 작업의 부담도 줄어든다. 『구백구 상담소』에서 주인공인 상담사는 상담을 할 때 꼭 보라색 모자를 쓰는데, 그 외의 컬러는 매 에피소드마다 임의로 정한 한 가지 컬러만을 썼다. 그래서 보라색 모자를 제외하고 보면 마치 2도 작업을 한 것 같은 느낌이 난다.

컬러 작업을 할 때는 미리 출판사의 편집자나 디자이너와 의논을 하고 시작해야 한다. 본격적인 컬러 작업에 들어가기 전에 샘플로 한 컷 정도 작업을 먼저 해서 함께 작업하는 사람들과 돌려 본 후 그들도, 나도 모두 동의한 방식으로 작업하는 것이 좋다. 작업을 모두 마친 후에 컬러를 수정하는 것은 어려운 일이고, 마지막 디자인 작업은 디자이너의 몫이기 때문에 후반 작업을 효과적으로 진행하기 위해 꼭 협의를 하고 진행하는 것이 좋다.

만화가의 입장이 늘 존중되지만, 내가 선택한 방식이 꼭 맞는 것이 아닐 수 있으므로 함께 작업하는 편집자와 디자이너의 의견을 잘 들어 보는 것이 중요하다. 물론 자신이 원하는 스타일과 그들의 의견이 다르면 최선을 다해 설득하는 과정도 꼭 필요하다.

누가 누구에게 설득될지는 모르겠지만.

{9}
가족과 친구를 만화 속으로

만화 주인공 만들기

"누나, 나 어렸을 때 죽는 게 무서워서 밤에 잘 못 잤다. 몰래 울다가 잤어."

"아, 그래?"

"근데…… 요즘에도 가끔 그래."

사실은 나도 그랬다. 동생의 이야기를 무덤덤하게 들었지만 내 마음도 울렁거렸다. 우리는 같은 이야기를 공유하고 있지만 그동안 각자의 가슴속에 묻어만 두었다.

우리 다섯 식구는 방이 두 개인 작은 아파트에 살았다. 방 하나는 부모님 방이었고, 또 하나는 언니와 나의 방이었다. 방이 없는 동생은 거실 한쪽에 작은 상을 펴 놓고 그림을 그렸다. 말과 소를 참 잘 그렸던 기억이 난다.

엄마와 아빠는 거의 매일 싸웠다. 우리는 현관문을 열었을 때 집 안 공기부터 살피는 것이 일상이었다. 언니와 나, 동생은 서로를 위로하거나 이해하거나 감싸 주지 않았던 것 같다. 우리 셋은 각각이었다. 각자의 힘든 마음을 각자 안고 살기 버거워했다. 어느 누구도 가족 중 가장 어린 사람의 마음을 감싸 주지 못했다.

많이 늦었지만, 동생의 이야기를 들어 주고 싶었다. 등을 토닥토닥 두드려 주고 싶었다. 그렇게 내 동생은 『소년의 마음』 주인공이 되었다.

동생의 마음, 소년의 마음은 나도 아는 마음이다. 동생의 이야기면서 내 이야기다. 내가 아는 만큼 이야기를 만들고, 궁금한 것이 있을 때마다 동생에게 물어보았다. 동생과 이야기를 나눌 때마다 그 옆에 언니가 있기도 하고, 엄마 혹은 아빠가 있을 때도 있었다.

"죽으면 땅에 묻히잖아. 그게 무서웠어."

동생이 말하자, 소파에 앉아서 TV를 보시던 엄마가 무심히 대답했다.

"외할머니 돌아가셨을 때, 할머니 관이 땅속으로 내려가는 걸 너랑 현정이는 안 봤는데 종민이가 그걸 봤어. 그걸 보여 주지 말았어야 했는데…… 그래서 죽음이 무서웠나."

"죽음에 대해 무서운 마음을 왜 엄마나 아빠한테 얘기하지 않았어?"

"어차피 다 죽는데 왜 나를 낳았냐고 엄마한테 물어

봤는데 엄마가 막 화를 냈던 게 기억나."

만화 주인공을 만들고 그의 이야기를 수집했다면 이제부터는 내가 이야기를 끌고 나가야 한다. 제일 쉬운 것은 내가 만화 주인공이 되어 버리는 거다. 『시간이 좀 설리는 두 번째 비법』에서는 30대 초반의 내가 주인공이 되어 사랑하고 미워하고 상처받고 치유하며 나를 받아들이는 이야기를 했고, 『이백오 상담소』와 『구백구 상담소』에서는 내가 상담사 주인공이 되어 많은 사람의 고민을 들어 주었다. 프랑스 파리에서 한 달 동안 방을 구해 살았던 나는 『파리라고 와 봤더니』의 주인공이 되어 아무것도 하지 않으며 심심하고 외롭게 시간을 보냈다.

경기도 시흥시 매화동 마을회관 앞에 파라솔을 펴 놓고 만화 주인공 신청서를 받은 적도 있었다. 내 가족과 친구들을 너무 써먹어서 신선한 만화 주인공이 필요했기 때문이다. 신청자는 대부분 초등학생이었다. 왜냐하면 신청서를 내면 사탕을 줬기 때문이다. 사탕을 두 번 받으려고 신청서를 두 개나 쓰는 초등학생도 있었다. 그때 그렇게 사랑스러운 여섯 명의 만화 주인공을 만날 수 있었다.

비 오는 날을 좋아하는 초등학생 지희는 몸이 아팠다. 동생과 아빠도 아팠다. 지희네 집은 아빠가 늘 누워 계신 작은 집이었지만 모두가 명랑했다. 특히 엄마는 정말 다정하고 귀여웠다.

만화가가 꿈인 대학생은 집에 있는 게 고통스럽다고 했다. 50살이 되면 자살할 거지만 그때 너무 잘 살고 있으면 그냥 오래 살 거라고 했다. 군대에서 휴가 나온 날 만난 적이 있는데, 동전을 갈아서 반지를 만들었다며 선물로 주었다. 아무래도 계속 잘 살 것 같다.

봉숭아 물들이기가 취미인 40대 후반의 연극인은 아내에게 부족한 남편이라고 했다. 배우들에게 '내면연기가 어딨니, 니 마음을 보여 줘, 보여 줘!' 요구하면서 아내에게는 마음을 보여 주지 못한다고 했다.

강아지 힘찬이가 제일 소중한 친구인 30대 농부 은희 씨는 사람들이 자기를 보면 넋 놓고 산다고 생각할 거라고 했다. 결혼에 관해 질문하니, 만날 밥 차리고 치우고 하면 시간만 후딱 갈 텐데 그걸 뭐 하러 하냐고 했다. 그녀의 꿈은 사진작가다.

장난감 총이나 칼을 화분으로 바꿔 주며 귀농을 꿈꾸는 한 예비 농부는 사람과 사람, 나무와 사람, 모든 동물과도 더불어 살고 싶다고 했다. 귀농하면 외롭지 않을까, 하는 질문에 술이 있어서 괜찮다고 답했다.

아이 둘의 엄마인 만화 주인공은 임종을 보지 못한

엄마에 대한 그리움이 깊었다. 사는 이유가 엄마에게 잘 보이기 위해서라고 했다. 매일 밤 꿈에서 엄마를 만날 수 있기를 기도한다. 몇 시간 함께 이야기를 나누고 돌아가는 길에 우리 한번 안고 헤어질까요, 하며 나를 꼭 안아 주었던 따뜻한 기억이 있다.

소중한 만화 주인공을 만나고 돌아가는 길엔 뾰족했던 마음이 뭉툭해지고 누구나 사랑할 수 있을 것 같은 마음이 된다. 이렇게 『우주의 정신과 삶의 의미』라는 책이 만들어졌다.

만화를 그리는 일은 내 얘기를 하고 나를 알아 가는 일이다. 또 다른 사람의 이야기를 듣고 그들의 아픔과 행복을 알아 가는 일이다. 만화 주인공을 만들고, 만나면서 알게 되었다.

아, 세상은 이렇게 서로 위로하며 사는 곳이구나.

바로 지금 내 옆에 있는 사람을 바라보자. 이 사람은 어떤 고민이 있을까? 이 사람이 가장 중요하게 생각하는 건 뭘까? 이 사람은 어떤 어린 시절을 보냈을까? 나는 왜 이 사람 옆에 앉아 있을까? 그 사람이 점점 궁금해진다면 한번 물어보자.

내 만화 주인공이 되어 줄래?

{ 10 }

만화도 엉덩이가 그린다

만화 완성하는 법

"언제 영감이 떠오르나요? 그때를 기다리고 있어요."
만화가가 되고 싶다며 나에게 질문을 했다.

"영감은 떠오르지 않습니다. 그런 날은 오지 않아요."
내가 겪은 바로는 그렇다. 그런 날을 나도 하염없이 기다려 봤지만 오지 않는다는 것을 여러 번의 경험으로 알게 되었다. 그래서 이제는 영감을 기다리지 않고 그저 책상 앞에 앉는다. 앉아서 글을 쓰고 그림을 그린다. 쥐어짜 낸다. 그 방법밖에 없다. 영감을 얻겠다고 영화를 보러 가거나 친구를 만나거나 낯선 곳으로 여행을 떠난다 해도 영감은 오지 않는다.

겨우 책상 앞에 앉기에 성공했다면 인터넷을 잠시 닫는다. 갑자기 빨래가 돌리고 싶어도 참는다. 창틀에 낀 먼지를 닦아 내고 싶어도 참는다. 손이 많이 가는 요리를 만들어 먹고 싶어도 참는다. 내 앞에는 펜과 종이밖에 없다.

바로 뭔가 그려지지 않는다면, 나에게 질문을 한다.

'요즘 뭐가 궁금해?'

'이해가 안 되는 일이 있었어?'

'지금 가장 보고 싶은 사람은?'

'내일 죽는다면 오늘을 어떻게 보내고 싶어?'

그 질문 중에 가장 할 얘기가 많은 질문에 생각을 이어 간다.

'만약 내일 죽는다면, 시간을 충분히 함께 보내지 못해서 가장 마음이 쓰이는 내 아이를 하루 온종일 쓰다듬으며 보내고 싶어.'

그렇게 질문을 계속 던지다 보면 이야기가 시작된다. 속상한 일이 있거나 이해할 수 없는 일이 생기면 그것이 또 영감의 시작이 된다. "소복아~" 불러서 나에게 질문한다. 대답을 하고 또 묻는다. 엄마라면 어떻게 했을까, 물어본다. 루시드폴이라면 어떻게 했을까, 물어본다. 내가 할머니였다면 어땠을까, 물어본다. 내게 질문하다 답이 잘 안 나오면 만만한 친구에게 전화를 걸어 묻는다. 열 살 조카에게도 물어본다.

하고 싶은 이야기가 생긴다.

할 이야기가 시작이 되었다고 해서 방심하고 딴짓을 시작하면 안 된다. 나만 알아볼 수 있는 대충 그린 콘티라도 나오면 그때는 조금 풀어져도 되지만 사실 콘티가 나올 때쯤 되면 풀어지고 싶은 마음보다는 얼른 그려 버리고 싶은 마음이 솟구친다. 종이에 만화 칸을 그려 넣고 한 칸 한 칸 채운다. 참 이상한 일이다. 천재적인 사람이 천재적 영감으로 찰나에 뭔가를 해내는 것 같은데, 실은 애서 딴짓을 외면하며 오래 앉아서 버틴 사람들이 뭔가를 해낸다. 결국 공부도, 글쓰기도, 만화도 엉덩이가 해낸다.

난소에 혹이 생겼다. 수술을 해야 했다. 악성인지 양성인지 수술 후 조직검사를 해 봐야 알 수 있다고 했다. 난 이제 죽는구나…… 아침에 눈 뜨면 무서웠고 무서워하다가 잠이 들었다. 놀지도 못하고 일도 못하는 하루하루였다. 당시 만화가 남자친구가 말했다. 만화를 한 칸 한 칸 채워 보라고. 완성하겠다는 마음이 아니라 한 걸음 두 걸음 걷듯이 말이다. 뒷내용은 생각하지 말고 지금 내 앞에 있는 한 칸만 채우고, 또 가능할 것 같으면 다음 칸도 채우라고 했다. 수술, 종양, 암, 죽음 같은 말이 계속 생각났지만, 시키는 대로 한 칸 두 칸 채워 넣었다. 다음 장면을 생각하지 않았고, 이야기가 어떻게 흘러갈 것인지도 생각하지 않았다.

이 훌륭한 방법을 알려 주었던 만화가 남자친구가 떠났을 때도 같은 방법을 썼다. 다행히 그려야 할 만화

원고는 충분했다. 한 칸 한 칸 묵묵히 그려 넣었다. 생각을 억지로 멈추려고 하지 않았다. 사랑했던 시간이 떠올랐고, 미워했던 날들도 생각났고, 원망스러운 마음도 떠올랐다. 떠오르는 대로 그대로 두었다. 다만 손은 계속 만화를 그렸다.

    어떤 사람은 달린다.

    또 어떤 사람은 뜨개질을 한다.

    누군가는 연필을 깎는다.

    또 누군가는 산을 오른다.

    나는 만화를 그린다.

    아...... 영감이 올 때가 있다.

    바로 마감 전날이다. 마감 때문에 어쩔 수 없이 영감이 오신다.

{ 11 }

만화와 일상 넘나들기

만화가 될 이야기 만들기

나는 계속 그림을 그리며 살 것 같았다. 할머니가 되어 침침한 눈으로 그림을 그리는 내 모습이 자연스레 그려졌다. 그럼 돈을 어떻게 벌면 좋을까. 내가 혼자 살던 작은 집엔 사람들이 자주 왔었다. 혼자서 혹은 둘, 셋이 찾아와 이런저런 이야기를 나누다 돌아갔다. 돌아가는 얼굴은 들어올 때보다 편안해 보였다. 그러니 상담사가 되면 어떨까? 1시간에 25,000원쯤이면 괜찮지 않을까? 하루에 한 명씩, 한 달이면 750,000원! 괜찮다!! 돈벌 궁리를 하다가 스르륵 잠이 든다.

그렇게 『이백오 상담소』가 만들어졌다. 이야기를 만들 때마다 나는 상담사가 되었다. 상담에 관한 책을 보고 공부하거나 상담을 받아 본 적도 없었지만 『이백오 상담소』는 실제 존재하는 상담소인 것처럼, 나는 만나는 사람마다 질문을 던졌다.

"요즘 고민이 뭐야?"

"이 이야기를 만화로 그려도 돼?"

『이백오 상담소』가 나온 후 『애쓰지 말고, 어쨌든 해결』이라는 어린이를 위한 '이백오 상담소'가 만들어졌고, 『구백구 상담소』도 그 몇 년 후 웹툰으로 연재되었으며, 출판사 '열매하나'의 소식지에 「삼공이 상담소」라는 코너를 만들어 출판사 사장님의 고민을 해결해 주었다. 10년쯤 후 '칠팔칠 상담소' 같은 이름으로 또 다른 상담소 만화가 나오지 않을까 한다. 혹은 사백삼 상담소? 삼백사 상담소?

　첫 연재 제안을 받았다. 『고래가 그랬어』라는 어린이 잡지에 매달 16페이지(제목이 들어간 만화 표지 포함) 분량의 만화를 그리는 작업이었다. 매달 많은 분량의 만화를 그려야 한다면 이야기가 끊임없이 솟아나는 콘셉트를 잡아야 한다. 내가 잘 아는 이야기를 그려야 한다. 역시 가족 이야기밖에 없다. 앞서 언급했듯 『우리 집은 너무 커』는 방 한 칸인 복현이네 집에 강아지까지 모두 일곱 식구가 사는 이야기이다. 실제 우리 가족의 이야기가 바탕이 되었다. 태어나 지금까지 질척이며 사는 가족들에겐 오래전 이야기부터 현재 진행형인 이야기까지 할 이야기가 넘쳐 난다. 주인공 최복현은 고등학교 다닐 때 같은 반 친구의 이름을 빌린 것인데, 이 만화의 첫 화를 그린 후 김대중 씨에게 보여 주고 집으로 돌아가는 지하철 6호선에서 거의 20년 만에 진짜 최복현을 만났다. 너무 신기해서 만화도 보여 주고 신이 났는데, 아기를 출산한 지 얼마 안 되었고 다시 출근을 시작했다는 복현이는 많이 지쳐 있었다.

나의 모든 평범한 일상과 특별한 사건을 만화로 만든다. 『시간이 좀 걸리는 두 번째 비법』이 아무것도 아닌 보통의 일상을 만화에 담은 것이라면 『파리라고 와 봤더니』는 특별한 이벤트가 만화가 되었다. 프랑스 파리로 전시와 워크숍을 진행하러 가게 되었다. 간 김에 그곳에서 한번 살아 보면 어떨까 하는 생각이 들었다. 방을 구하자. 한 달을 살아 보자. 그곳에 내 친구 영선이가 프랑스 남자 르노와 살고 있다. 겁먹을 필요가 없다. 그러며 이 이야기를 만화로 그려야겠다고 생각했다. 한 달을 살면서 친구도 사귀고, 혹은 연인도 사귀고, 전시도 보고, 센강의 유람선도 타고, 맛있는 프랑스 음식도 많이 많이 먹어 보자 했었다. 그걸 모두 만화로 그리면 재미있겠다고 생각했다. 실제 파리에서는 너무너무 외로웠고 무서워서 집 밖으로 잘 나가지도 못했고, 그저 숙소가 있는 동네에서만 왔다 갔다 했다. 영선이를 너무 자주 불러낼 순 없으니까. 당연히 연인은커녕 친구도 사귀지 못했다. 아주 심심한 만화가 되었지만 결국 만화가 되긴 되었다.

평범하고 특별한 모든 일상이 나에게는 전부 만화가 된다.

{ 12 }
그 순간 그려야 만화가 된다

육아 만화 그리기

연이가 자꾸 나 보라고 미운 짓을 한다. 나는 달래다가 화내다가 달래다가 화내다가 방으로 들어가 누워 버린다.

"엄마, 아파?"

연이가 묻는다. 나는 손을 머리에 얹고 실눈을 뜨고 연이를 본다.

끙끙, 건조대로 의자를 끌고 간다. 의자에 올라가서 손을 뻗어 수건을 잡아 내린다. 수건에 물을 묻혀서 내게로 온다. 내 이마에 물 적신 수건을 올려놓고 손으로 토닥토닥 하고는 간다. 아…… 이거 걸레인데. 연이의 마음이 가상해서 뭐라 하지 못하고 걸레를 이마에 올리고 그냥 있는다.

연이가 잠이 들었다. 스탠드를 켜고, 손바닥만 한 노트를 펴고, 심 굵은 볼펜을 꺼내 딸깍 꼭지를 누른다. 수건(걸레)에 물을 적시는 연이의 뒷모습을 엄지손가락만 하게 그려 놓고 새끼손톱보다 작게 글씨를 쓴다. 제

일 아래에는 '2020. 8. 소복이.'

육아는 내 가장 깊은 곳까지 샅샅이 파고들었다가 하늘 위로 날아올랐다가 바닥으로 내동댕이쳐지는 일이었다. 아기를 낳고 집에 갇혔다. 창문 너머 하늘을 바라보며 내 인생은 끝났다고 생각했다. 아기는 소중하고 무서웠다. 아기가 태어나면 바로 생성될 줄 알았던 모성애가 나한테는 안 생겨서 당황스러운 날들이었다. 아기를 처음 그리게 된 것도 아기가 태어난 지 1년이 훨씬 더 지나서였다. 시간이 그만큼 지났는데도 내 상태는 나아지지 않았다. 산후우울증이라고만 하기에는 다 표현할 수 없는 뭔가가 있었다.

그러던 어느 날 그림을 그렸다. 아기를 낳고 처음 그린 그림이었다. 그림이란 참 이상한 것이다. 아기를 그리면서 비로소 위로받았다. 내가 그린 그림을 보고 내가 위로받았고, 그 그림을 보는 사람들에게서도 위로를 받았다.

아기를 그리며 알게 되었다. 육아일기는 '바로 지금' 그려야 한다. 일상을 만화로 기록하는 일은 '즉시' 그릴 준비를 하고 있어야 한다. 놀랍도록 신기한 일들도 하루만 지나면 덤덤해진다. 일상이라는 것이 그렇다. 순간은 특별해도 몇 시간도 채 지나지 않아 희미하게 잊혀 버린다. 그래서 그 순간을 잘 포착하려면 부담 없이 들고 다니다가 쉽게 펼칠 수 있는 작고 가벼운 노트와 막 쓰기 좋은 볼펜처럼 사용하기 편한 도구가 필요하다. 그림은 못 그려도 괜찮다. 그 순간의 느낌만 잘 담아내면 된다.

아기가 내 다리에 입을 대고 "푸우우우우~" 바람을 불었다. 내가 자기 배에 하던 것을 보고 따라 한 것이다.
강아지 같은 존재가 사람 같은 행동을 한 것이다.
만화로 그리지 않을 수가 없다.

아기를 붙잡고 엉엉 운 적이 있었다. 내가 우는 것을 아기는 모를 줄 알았다. 그날 밤 아기와 마주 보고 누워 아기에게 말했다.
"엄마가 아까 우는 거 봤지? 너무 힘들어서 그랬어. 미안해. 다시는 안 그러도록 애쓸게."
아기가 나를 바라보며 미소를 지었다. 우주의 어떤 존재가 보내온 위로의 미소 같았다.
만화로 그리지 않을 수가 없다.

평소 입지 않는 치마를 입고 어린이집에 데리러 갔더

니 반짝이는 눈으로 말한다.
"엄마, 이쁘다. 곤주님(공주님) 같아."
만화로 그리지 않을 수가 없다.

어느 날 아침엔 연이가 스티커를 가져와서는 나와 짝꿍에게 말했다.
"너네들 칭찬스티커 하나씩 붙여 줄게."
너무 재밌어서 만화로 그리지 않을 수가 없다.

2019. 4.

연이가 내 볼을 만지며 말했다.
"엄마랑 섞이고 싶다."
만화로 그리지 않을 수가 없다.

그러고 보니 육아 만화는 그리지 않을 수 없어 그리는 것이다. 육아뿐일까? 우리가 절망에 빠지는 순간은 곳곳에 널려 있다. 매일매일 깜깜한 동굴로 들어가는 것 같은 학교생활, 늪에 빠진 듯 헤어 나올 수 없는 연애, 아슬아슬한 줄타기를 하는 듯한 직장생활도 다르지 않을 것이다. 이렇게 매일 소재가 있고 내가 그 주인공이라면 모두 육아 만화와 다르지 않다. 바로 지금, 덤덤해지기 전에 그려야 한다.

너무 사소하고 아무것도 아닌 이야기도 만화가 되면 나조차 몰랐던 생각과 느낌이 만화 속에 담긴다. 시간을 두고 정리하고 차분히 정돈된 마음으로 그린 그림보다 바로 그 순간을 잡아서 솔직하게 기록한 이야기를 사람들은 더 좋아하고 더 감동한다.

시간이 지나서일까? 육아 만화 때문일까? 나는 이제 그림을 못 그리게 될까 봐 두려워하지 않는다. 육아 만화 덕분에 그림은 좀 더 내 일상에 착 붙어 버렸다. 그림으로 기록하고, 그 일을 꾸준히 하면서 사소한 순간을 반짝이게 만드는 가장 단단한 방법을 갖게 된 것이다.

일곱 살이 된 글씨 쓸 줄 모르는 아이는 여자친구에게 줄 편지를 대신 써 달라고 한다. 근육에 관심이 많고, 세수는 한 손으로 하고, 얼마 전 치과에서 은니를 한 것이 큰 자랑거리이며, 엄마가 하늘나라에 가면 누구랑 살아야 하는지 궁금하다. 게다가 만화로 배운 어휘력으로 나를 이리저리 휘두르고 있다. 그리고 싶은 이야기와 그림들이 갈수록 더 넘쳐 난다.

야호!

{ 13 }
만화가 vs. 만화를 그리는 사람

단 한 명뿐인 제자와의 인터뷰

등장인물:

소복이, 단한제(단 한 명뿐인 제자)

소복이 ― 내가 알려 준 만화 그리는 비법을 유일하게 몇 년째 따라하고 있는 사람이다. 미쳤다고 아직까지 이걸 하고 있냐? 몇 년 되었나?

단한제 ― 6년쯤 되었다. 올해는 '누구에게'라는 제목으로 그림일기를 그리고 있다. 매일매일 그리다 보니 내 일기장이 되어 버렸다.

소복이 ― 가장 기억나는 조언은?

단한제 ― "그림에는 '그린' 그림과 '안 그린' 그림이 있다. 그리면 잘 그리는 거다." 그런 말을 믿고 그림을 그릴 수 있게 되었다. 기술적으로 잘 그리지 못한다는 두려움이 좀 사라졌다. 못 그린 그림이 훨씬 매력 있다는 조언도 용기를 주었다.

소복이 — 지금 어느 정도의 경지에 도달했나?

단한제 — 그림 은행이 되었다. 그림이 많이 쌓여 있어서 글쓰기 모임이나 누군가의 메일에 답장할 때 검색어를 입력해 적당한 그림을 골라 쓸 수 있을 정도다. 수준은 아마추어 중·하 정도인 것 같고, 만족도는 높다.

소복이 — 내 말만 들어서 되겠나? 다른 선생님께 지도받고 싶지는 않나?

단한제 — 그러고 싶지 않다. 그림의 핵심은 누가 가르쳐 주는 것이 아닌 것 같다. 기술이면 몰라도.

소복이 — 진짜 만화가가 되고 싶지 않나?

단한제 — 그림을 그린 거지 만화는 아니다.

소복이 — 아니다, 만화다. 그림 속에 이야기가 있다. 그러면 만화다.

단한제 — 만화가는 안 되고 싶다. 굶어 죽을 것 같다. 취미가 좋다.

소복이 — 왜 굶어 죽을 것 같나?

단한제 — 내가 좋아서 그린 그림을 사람들이 좋아하지 않을 것 같다. 팔리지 않으면 소용없을 것 같다.

소복이 — 굶어 죽지 않는다. 굶어 죽지 않기 위해 직업을 선택하기도 하지만, 좋아하는 일을 직업으로 선택하는 것이 더 낫지 않나. 해 봤더니 안 굶어 죽었다.

단한제 — 내가 하면 굶어 죽을 것 같다.

소복이 — 만화가도 회사원처럼 9시에 일 시작해서 12시에 점심 먹고 저녁 6시까지 만화 그리고 퇴근하면 안 굶어 죽는다.

소복이 — 앞으로 그리고 싶은 만화가 있나?

단한제 — 사진을 보고 그리는 편인데, 그렇게 보고 그리는 것 말고 상상해서 그리고 싶다. 내가 만나 왔던 사람들에게 그림 편지를 쓰는 만화도 그려 보고 싶다.

소복이 — 나를 어떻게 생각하나?

단한제 — 좋게 생각한다. '그림은 엉덩이로 그린다'는 진리를 잘 실천한다. 기획력이 뛰어나고 성실하다. 자격증 없는 상담사 같다. 소복이가 작정하고 그런 만화를 그리진 않았겠지만 사람들이 소복이 만화에서 곧잘 해답을 찾는 것 같다. 그래서 소복이 마니아가 있다.

소복이 ― 내가 말해 준 것 중 말도 안 된다고 생각한 것은?

단한제 ― 제자 초기 시절, 나보고 잘 그린다고 했을 때 '웃기시네~'라고 생각했다. 자꾸 듣다 보니 의심스럽지만 진짜일 수도 있겠다 싶었다. 스킬에 대한 칭찬이 아니라 어쨌든 하고 있다는 칭찬이었다.

소복이 ― 만화를 그리면서 힘들었던 점은?

단한제 ― 그리고 싶은 게 있는데 어떻게 그려야 할지 모를 때 힘들다. 그리고 싶은 장면이 있을 때 상상해서는 못 그리겠고 검색해서 그린다는 한계가 있다. 그럴 때 소복이는 그냥 대충 그리면 된다고 한다.

소복이 ― 너무 잘 그리고 싶어서 그러는 거다. 그릴 수 있는 만큼만 그리면 된다. 나머지는 이야기가 채워 주면 된다.

소복이 ― 내가 보기엔 그림도 훌륭하고 글도 사랑스럽다. 책으로 만들어 볼 생각은?

단한제 ― 있다. 훌륭해서가 아니라 재밌을 것 같아서.

소복이 — 만화는 자신의 삶을 어떻게 바꾸었나?

단한제 — 그림일기는 매일매일의 의례 같은 거다. 하루를 되돌아보며 속상한 것, 감사한 것을 떠올린다. 나를 좀 더 사랑하게 되었다.

소복이 — 만화는 어디서 어떻게 그리나?

단한제 — 집에서 그린다. 잠자기 전에. 자정을 넘기지 않으려고 한다.

소복이 — 사람들이 이 책, 『만화 그리는 법』을 읽으면 만화를 그릴 수 있을 것 같나?

단한제 — 소복이의 만화 그리는 비법은 시간이 오래 걸리는 비법이라 아무나 할 수 없다. 나 정도 되니까 하고 있는 거다.

{ 14 }
이 정돈 나도 그리겠네

그림 실력과 만화 그리기는 다소 무관합니다

내가 기억하기로 내가 그린 최초의 그림은 거꾸로 그려진 공주님이다. 언니와 마주 엎드려 언니의 공주님을 발부터 따라 그렸다. 초등학교 때까지도 단짝 친구와 공주님을 열심히 그렸다.

고등학교 때 미술 점수가 별로 좋지 않았던 기억이 난다. 우리 반에는 그림을 정말 잘 그려서 미대 입시를 준비하는 친구가 있었다. 독보적이었다.

나는 대학에서 역사를 전공했다. 수업 시간에 친구의 새 노트에 그 친구 얼굴을 그려 주었다. 그걸 좋아한 친구는 딱 한 명이었다.

첫 회사에서 직원들의 명함에 들어갈 캐리커처를 그리게 되었다. 사장님이 이걸 보고 "이현주 씨(소복이의 본명)는 굶어 죽지는 않겠다" 하셨다.

처음 만화를 시작했을 때, 만화가들이 내 그림을 부러워했다. 어디서도 볼 수 없는 이상한 그림이라고 했다. 버스, 말, 나무 등을 사진을 보고 따라 그리면 정말 이상한 그림이 되곤 했다. 새만화책 출판사의 김대중 씨는 만화가 중에서도 제일 그림 못 그리는 나에게 그림 잘 그리라는 말을 한 번도 한 적이 없다.

내 첫 만화 『시간이 좀 걸리는 두 번째 비법』에는 길을 걷는 주인공 옆으로 건물과 나무 들이 양쪽으로 누워 있는 장면이 나온다. 단편 만화 「흐릿한 시스터즈」에서는 멀리 있는 것은 작게 그려야 하는데, 멀리 있어도 중요하면 더 크게 그렸다. 원근법도 잘 몰랐다. 젓가락질하는 장면은 아직도 잘 못 그린다.

이런 내가 그림을 잘 그리는 방법을 말해도 될까 싶지만, 그림을 잘 그리는 방법도 수학을 잘하는 방법, 영어를 잘하는 방법, 줄넘기를 잘하는 방법과 같다. 매일 꾸준히 그리면 된다. 방법이 이것밖에 없다. 그림 실력을 타고난 사람도 매일매일 안 그리면 못 그리게 되는 걸 봤다.

잘 그린 그림을 따라 그리는 것도 하나의 방법인데, 그러다가 자기 그림을 만날 기회를 놓칠 수가 있으니 주의해야 한다. 학원을 다녀 보는 것도 방법일 수 있다. 혼자 그려야 하는 막막한 과정이 힘들다면 학원의 수업 계획표대로 따라가 보는 것도 나쁘지 않다. 하지만 그 역시 자신의 개성이 듬뿍 들어간 그림을 못 만나게 될 수 있다.

만화를 시작하면서 그림을 정말 많이 그렸다. 만화뿐 아니라 삽화도 많이 그리고 그림책 작업도 했다. 그래서 지금은 예전보다는 좀 더 잘 그린다.

자신의 어설프지만 매력 있는 그림은 시간이 지날수록 나아질 것이라 믿어 보고, 그다음에 해 볼 수 있는 일을 해 보자. 이야기에 더 신경을 쓴다. 글이 술술 읽히고 이야기가 흥미를 놓치지 않는다면 그림은 중요하게 느껴지지 않는다. 적어도 덜 중요하게 느껴진다. 손글씨로 대사를 쓴다면 또박또박 읽기 좋게 쓴다. 말풍선 가득 대사를 넣지 않고, 넉넉하게 여유를 둔다.

자유롭고 개성 있는 그림과 어울리는 새로운 재료를 찾아본다. 크레파스, 물감, 붓펜, 여러 가지 색깔의 사인펜 등을 써 본다. 어설픈 그림과 잘 맞아 더 매력적인 그림을 만드는 재료를 찾아볼 수 있을 것이다. 혹은 그림의 선을 그리지 않고 면의 채색만으로 그림을 그려 보는 것처럼, 해 보지 않은 방법을 찾아보는 것도 좋다. 잡지나 그림책을 잘라 붙이는 콜라주도 권해 보고 싶다. 간혹 내가 그린 그림이 부끄러울 때가 있다. 부족한 실력이 들통나서 그런 적은 없고, 내 성의가 부족한 그림을 볼 때 숨고 싶을 정도로 부끄럽다. 정성을 다해 그린다면 좀 못 그려도 괜찮다.

지금의 나는 만화가 선배들이 예전에 그랬듯, 이제 막 그림 그리기를 시작한 우리 아이의 '내 맘대로' 그림을 부러워하고 있다. 이제 손가락을 그릴 줄 알게 되었는데, 내가 따라 그리고 싶을 정도다. 그러니 좀 어설프게 보여도 자신의 사랑스러운 그림에 자신감을 갖기를!

어쨌든 그림은 못 그려도 만화는 그릴 수 있다.

{ 15 }
영감을 부르는 만화가의 작업실

만화 그리기에 적합한 장소

만화가 제일 잘 그려지는 곳은 엄마네 집 거실, TV와 소파 사이 공간이다. 조카 둘은 그 사이를 뛰어다니고, 엄마나 남동생이나 언니는 소파에 앉아 있다. 당연히 TV는 켜져 있고 채널도 계속 돌아간다. 아빠는 간혹 방에서 슬슬 걸어 나와 내가 그리는 걸 구경하다 다시 방으로 들어간다.

나는 이상하게 이런 상황에서 안정감을 느낀다. 절대 집중할 수 없는 이런 상황에서 딴생각도 할 수 없을 만큼 집중하게 된다. 수학 문제를 풀 때 라디오를 틀어놓으면 더 집중이 잘 되는 것과 비슷하다고 해야 할까? 적당한 소음 속에 있다 보면 결국은 만화를 그리게 된다. 지루함을 느끼지 못할 정도로 손이 계속 움직인다. 언제 이렇게 많이 작업했지? 나도 깜짝 놀란다.

그다음으로 작업이 잘 되는 곳은 여행길 몸을 실은 버스나 기차 혹은 숙소다. 매일 집에서 혼자 작업하는 내게는 직장 동료가 없다. 같이 상사를 욕하거나 회사

복도에 서서 함께 커피를 마실 동료가 없다. 그런 나에게 여행 제안은 드물게 일어나는 가슴 두근거리는 일이다. 특별한 일이 주는 색다른 기분을 즐길 수 있다. 만화가에게는 늘 그려야 할 그림이 넘치게 있다. 여행도 가고 싶지만 만화는 그려야 하고, 게다가 정말 잘 그려야 한다. 그렇다 해도 그날, 그 멤버, 그 여행은, 오직 한 번밖에 없는 기회다. 이번에 거절하면 다음 여행이라는 다른 기회가 오리란 보장이 없다.

가방에 종이와 펜을 챙긴다. 많이 챙긴다. 기차 창밖의 새로운 풍경은 새로운 이야기를 불러온다. 오랜만에 긴 시간을 함께 보내는 친구들이 나를 그들의 세상으로 데리고 간다. 예상하지 못했던 뜻밖의 이야기들이 생겨난다.

또 하나 빼놓을 수 없는 곳이 도서관이다. 이사를 가면 걸어서 갈 수 있는 동네 도서관부터 찾아본다. 마포 광흥창역 근처에 살 때는 아침 8시 반에 동네 친구를 만나 같이 마포도서관에 갔다. 집에서 커피를 내려 가거나 도서관 가는 길에 있는 카페에 들러 커피를 산다. 도서관 열람실에 나란히 앉아 작업을 한다. 3시간 한다. 3시간이 지나면 친구와 도서관 마당 벤치에 앉아 점심을 먹는다. 그러고 나면 친구는 일하러 가고, 나는 집으로 가거나 도서관에 남아서 조금 더 작업을 했다. 그때 깨달은 것이 있다. 매일 3시간씩 집중해서 작업하면 일은 밀리지 않는다! 이 얘기를 직장인 친구에게 했더니, 회사에서도 마찬가지라고 했다.

의정부에 살 때에도 먼저 도서관을 찾아보았다. 되도록 걸어서 갈 수 있어야 한다. 덕분에 산책할 시간도 얻는다. 집에서 걸어서 30분 정도 되는 곳에 의정부정보도서관이 있었다. 그때는 임신 중이었는데, 친구 없는 의정부에 유일하게 마음을 둘 수 있는 곳이 거기였다. 좋은 책이 많았고, 빨간 카페트가 참 푹신하고 따뜻했다. 작업에 참고할 책을 찾아 오래 앉아서 보기에 좋았다.

양천구 신정동에 살 때는 가까운 도서관이 없었다. 목동도서관과 고척도서관이 그나마 가까웠는데, 인터넷 길찾기로 확인하니 둘 다 도보로 40분 정도 걸렸다. 고척도서관이 걷기에 길이 좀 더 좋았다. 늘 자리가 넉넉했고, 나무 가득한 창문 풍경이 마음을 툭 놓게 했다. 작업을 마치고 집으로 돌아오는 길엔 시장에 들러 김도 사고 도넛도 사고 만두도 샀다. 게다가 마음에 드는 소품을 파는 카페도 발견!

지금은 걸어서 3분 거리에 마포중앙도서관이 있다.

도서관에서 만화를 그리게 만드는 힘은 감시자들

이다. 도서관에 다닥다닥 붙어서 공부하는 사람들은 서로가 서로의 유익한 감시자다.

카페도 훌륭하다. 다만 카페의 배경 음악과 커피 맛은 물론이고 선호하는 테이블이 비어 있는지, 거슬리는 다른 손님은 없는지 하는 요소들이 작업 내용을 크게 좌우한다. 그렇게 동네를 돌고 돌아 결국 마음에 드는 카페를 못 찾아 만화를 못 그리게 되는 상황도 많지만, 모든 요소가 완벽한 카페 찾기에 성공하는 날이면 마법에 걸린 듯 작업을 술술 해치워 버리는 날도 있다. 그런 날은 왠지 내가 천재 만화가인 것처럼 느껴지기도 한다. 집과 같은 아늑함과 집이 아니라서 주는 적절한 긴장감이 만화를 그리는 데 도움이 된다.

마지막으로 손꼽을 곳은 우리 집 내 책상이다. 아이러니하지만, 제일 안 그려지는 곳이기도 하다. 일곱 시간 넘게 만화 칸 하나 못 그리고 앉아 있기 예사다. 그럴 때는 왠지 내가 바보 만화가인 것 같다. 내 앞에 인터넷이 되는 컴퓨터가 있는 게 문제고, 감시자가 아예 없거나 혹은 자느라 감시를 안 해 준다는 것이 문제다. 냉장고가 있는 것이 문제고, 화장실을 너무 편하게 자주 갈 수 있는 것이 문제고, 이불과 베개가 있다는 것이 문제다. 시시때때로 볼 비비고 싶은 아이가 옆방에서 자고 있는 것이 문제고, 아무것도 안 해도 하나도 안 지루하다는 것이 문제다. 그러다 보면 우울감에 휩싸이게 되고 만화를 그려서 뭐 하나 하는 데 생각이 미치고, 그러면 나는 앞으로 100년도 못 사는데 만화는 왜 그리나 생각하다가 그냥 그대로 볼 비비고 싶은 아기 옆에 가서 누워 버린다.

그러니 사실, 우리 집 작업방의 내 책상만 잘 피하면 된다.

지금 만화를 그리기 시작한다면, 나는 실패했지만 내 집의 내 방을 작업실로 만드는 걸 시도해 보길 권한다. 내 주위 대부분의 만화가들은 집 작업방에서 작업을 하고, 그렇게 못 한다면 집 밖에 작업실을 따로 마련한다. 카페와 도서관은 장점도 있지만, 오래 한곳에 머물기 어렵다는 점, 중간에 식사를 하려면 이동을 해야 한다는 점 등의 단점이 있다. 가장 편안하고 지속적으로 일할 수 있는 한 공간을 정해 만화를 시작하고, 그것을 습관으로 만들어도 좋을 것 같다. 시작부터 좋은 습관을 만들어 보기를!

{ 16 }
남의 글로 만화 그리는 법

이미 스토리가 있는 글에 그림 더하기

시를 일부러 찾아 읽지는 않았다. 한 번에 책 다섯 권을 대출할 수 있는 도서관에서도 내 다양한 도서 목록 중 시는 없었다. 동시는? 동시 읽을 때 아이들 마음은 이렇게 순수하지 않아, 하면서 흐흐 웃을 뿐이다. 시툰을 작업하기 전까지 나는 이랬다.

김용택 시인이 뽑은 다양한 동시들을 한 편당 16컷 정도의 만화로 만드는 작업을 했다. 「공 튀는 소리」라는 신형건 시인의 시가 있다. 이틀째 앓아누워 학교에 못 갔는데 골목의 공 튀는 소리가 골목을 두들기다가 내 방까지 들어와 내 몸속까지 탕탕 두들긴다는 시다.

콘티를 짜 본다.

열이 높이 올라 침대에 누운 아이가 "오늘도 학교 못 가겠다"라는 엄마의 말에 눈을 꼭 감는다. 그때 탕, 탕 소리가 들리더니 축구공이 창문을 넘어 들어오고 아이는 벌떡 일어나고, 공을 따라 친구도 훌쩍 넘어온다. 감기가 다 나은 듯이 둘은 방 안에서 신나게 축구를 한다. 그러다 갑자기 축구공에 두 개의 날개가 생겨 날아오른다. 두 아이가 웃으며 축구공을 바라본다.

시의 상상력을 넘어 버린 만화를 그렸다.

새로운 동시를 읽을 때마다 마음이 두근거렸다. 시인은 이 시를 어떤 마음으로 썼을까, 무슨 일이 있어서 이런 시를 썼을까, 거기에 나는 어떤 이야기를 더 하고 싶을까를 생각하면 손이 근질근질해졌다. 나는 결국 동시를, 시를 사랑하게 되어 버렸다. 『어린이 마음 시툰: 우리 둘이라면 문제없지』에는 이렇게 내 사랑이 가득 담겼다.

『흥미진진 핵의 세계사』는 핵무기에 관한 책이다. 원고를 받자마자 이 작업이 하고 싶었다. 하지만 원고가 읽기 쉽게 잘 쓰였는데도 만화로 어떻게 그려야 할지는 잘 떠오르지 않았다. 그래도 욕심이 났다. 세상을 좀 더 나은 방향으로 가게 하는 이야기에는 기회가 닿는 한 힘을 보태고 싶다.

원고에는 적대 관계에 있는 나라일수록 서로 만나서 이야기를 나누는 게 대단히 중요하다는 대목이 나온다. 그러지 못할 경우 우발적인 핵전쟁이 일어날 수 있다. 가령 미국에서 5기의 핵미사일을 발사했다는 것을 탐지한 구소련이 핵 보복 태세에 진입하려고 했는데, 알고 보니 그것은 미국이 미사일 발사를 한 것이 아니라 태양 빛이 구름에 반사된 것을 착각한 것이었다. 이걸 어떻게 만화로 그릴 수 있을까?

한 페이지에 들어가는 5컷 만화에 두 친구를 등장시켰다. 감정싸움을 했던 둘은 대화를 나누면서 오해였다는 것을 알고, 만나서 더 자주 얘기하자며 화해한다. 친구 사이건 국가 간이건 대화가 중요하다는 것을 얘기하고 싶었다. 이렇게 어떤 메시지의 경우는 독자의 눈높이에 맞도록 상황을 연출해서 표현하기도 한다. 책에 똑같은 내용이 나오지 않더라도 독자 시선에 맞춰서 만화를 그리면 원고의 주요 메시지를 잘 전하면서도 흥미를 끌 수 있고, 독자에게 쉽게 다가갈 수 있다.

책이 무거운 주제를 다루는 경우에 독자는 부담이 되어 책 읽기를 어려워할 수 있다. 이럴 때 각 장을 만화로 시작하면 독자의 읽는 부담을 덜어 주고 쉽게 접근하도록 도울 수 있다. 이때 만화의 역할은 글의 내용을 그대로 압축하는 것보다 흥미나 궁금증을 일으키는 것이 좋다.

우리 마음에 미안함과 아픔으로 남아 있는 세월호

는 사실 내가 외면했던 이야기다. 처음에는 감당할 수가 없어서 내가 해야 할 일을 알면서도 모른 척했다. 그러다 더 이상 외면하지 않기로 했다. 생존한 단원고 학생 11명과 어린 나이에 유가족이 된 15명의 사람들이 보낸 2년의 시간이 담긴 육성 기록집 『다시 봄이 올 거예요』의 스토리펀딩 웹툰에 참여했다.

내 만화 주인공은 세월호 생존자와 세월호 희생자의 동생이다. 그 둘은 각자의 슬픔으로 힘든 시간을 보내고 있다. 세월호에서 살아남은 아이는 친구들이 쓸려가는 것을 다 보고 수면제 없이 잠들 수 없는 밤을 보내고 있다. 희생자의 동생은 매일 우는 엄마의 모습을 봐야 한다. 엄마가 편히 울 수 있도록 늘 귀에 이어폰을 꽂는다. 하지만 그들도 하고 싶은 말이 있고 듣고 싶은 얘기가 있다. 둘 다 어른들의 걱정보다 더 단단한 아이들이다.

만화에서는 평행선을 걷던 이 둘이 떡볶이 먹자는 제안에 함께 얘기를 시작한다. 어른이 되는 게 겁나고 싫었던 이 둘은 잘못하고 뒤에 숨는 어른이 아니고 책임지는 어른이 되겠다고 다짐한다. "우리가 자란다. 정치인들의 임기는 몇 년이지만 우리의 임기는 죽을 때까지다." 이 만화의 제목은 「우리가 어른이 된다」이다.

해 보겠다고 용기를 냈으나 아이들의 구술 기록을 읽는 일은 쉽지 않았다. 울면서 시간만 보냈다. 하지만 나는 책임지는 어른이 되고 싶었고, 감동 말고 담담함, 슬픔 말고 용기를 주는 만화를 그리고 싶었다.

감동적인 남의 글을 만나는 일은 쉽지 않지만, 그렇게 만난 글을 만화로 그리는 일은 가슴 뛰는 일이다. 어떤 원고는 받아서 읽는 도중에 같이 작업하고 싶다며 급히 메일을 보낸 적도 있다. 내 이야기를 만화로 그리는 것도 좋지만, 글로 된 책에 만화를 넣는 일, 삽화를 그리는 일도 계속하고 싶은 이유다.

{ 17 }
만화가 끝나면 시작되는 일들

작업실 밖 만화가의 일

만화를 다 그린 다음에 해야 하는 일은 다음 만화를 그리는 일이다. 아마 (다들) 만화를 그리고 있는 도중에 이미 다음 만화에 대한 구상을 시작하지 않을까 싶다. 이상하게도 늘 '지금 이 작업' 말고 다음 작업이 너무너무 하고 싶어진다. '다음 만화'는 하나일 수도 있고 여러 개일 수도 있다.

'조금만 기다리자. 이번 만화만 마무리 짓고 바로 시작하자.'

내 경우 작고 얇은 노트를 여러 권 준비해 놓고 제일 앞에 만화 제목을 적어 둔다. 머릿속에 갑자기 괜찮은 아이디어가 떠오르면 새 노트를 꺼내 무엇이든 적는다. 제목과 한 줄 정도의 이야기만 적어 둔 것도 있고, 콘티 작업이 꽤 진행된 것도 있다. 긴 만화 작업이 막 끝났다면 이 노트들을 살펴보고 하나를 정해 새 만화를 시작한다.

다 그린 만화는 책으로 낸다. 만화가 마무리되기 전

에 출판 계약을 해 두는 경우가 대부분이지만, 연재 중인 만화는 마무리된 후에 내 쪽에서 출판을 의뢰하는 경우가 많다. 자기가 원하는 대로 책을 만들고 싶은 마음에 독립출판사를 차려 책을 펴내는 이들도 많은데, 이런 경우 만화를 완성하는 것 외에 책에 대한 모든 것을 직접 챙겨야 한다. 편집, 디자인, 인쇄, 유통 모두 내 몫이 된다. 나는 이런 과정에 자신이 없어 출판사를 찾는다.

온라인 서점에서 출판사를 검색하면 내 만화와 잘 어울리는 출판사 몇 군데가 눈에 띈다. 그럼 내 만화에 대한 설명과 원고 일부를 메일로 보낸다. 다른 작업을 통해 나와 잘 맞다고 느껴지거나 신뢰가 생긴 편집자 혹은 디자이너에게 연락해 보아도 좋다. 요즘은 웹툰으로 만화를 보는 경우가 많아서인지 연재가 끝나도 책으로 출판되지 않는 경우도 많다고 한다.

책이 나오면 강연 의뢰가 들어온다. 『애쓰지 말고, 어쨌든 해결』, 『소년의 마음』, 『그 녀석, 걱정』을 낸 후에는 도서관과 학교에서 강연 의뢰가 많이 들어왔다. 나는 사람들 앞에서 말하는 것을 잘 못하고 싫어한다. 그런데도 강연은 한 번도 거절한 적이 없다. 부천, 군산, 완주, 포항도 가 봤고 진주는 네 번이나 갔다. 찾아 주는 사람들에 대한 고마운 마음과 출간된 책에 대한 책임 같은 것이 강연을 하게 만든다. 강연 의뢰가 들어오면 강연의 성격에 맞게 준비를 한다. 작가가 주로 어떤 작업을 하는지, 이 만화가 어떻게 만들어졌는지, 어떤 이야기를 전달하고 싶은지에 대해 이야기하고, 같이 만화를 그리는 시간을 갖는 경우가 많다.

『소년의 마음』 강연에서는 사람들의 마음속을 그림으로 그려 보는 시간을 갖고 그 그림에 대해 함께 이야기를 나누었다. 『그 녀석, 걱정』 강연도 비슷하게 진행했다. 각자 자신의 얼굴을 만화로 그리고 머리 위에 '걱정 캐릭터'를 봉긋 솟아나게 그린 후 그 캐릭터에 말풍선을 붙여 자신의 걱정을 설명했다. 심리상담사인 친구와 함께 강연을 하기도 했다. 심리상담사의 눈으로 본 내 만화에는 내가 모르는 것이 많았다. 『소년의 마음』에 나오는 작은 집에는 작은 창문이 있다. 그런데 책에 그 창문이 닫혀 있는 장면은 하나도 없다고 한다. 죽음을 두려워하는 소년이었지만 세상을 향한 마음은 항상 열려 있음을 표현한 것일 거라고 친구는 말했다. 난 정말 몰랐다. 의도하지 않았는데 마음이 찡해지는 것들도 있었다. 사람들이 만화로 자신의 고민을 이야기할 때 만화가인 나는 가볍고 쉽게 위로의 말을 던졌다면 미술치료까지 공부한 상담사 친구는 좀 더 근거 있는 이야기를 들려주었다.

전시를 하기도 한다. 일본, 한국, 대만, 중국 그리고 독일의 만화가들이 한 가지 주제로 만화를 그리기 위해 대만에 모였다. '지속가능한 미래에 우리는 어떻게 살고 있을까'에 대한 궁금증에서 시작된 모임이었다. 미래의 가상 도시 '모르겐슈타트'Morgenstadt에 대해 이야기하며 그리 생태적이지 못한 현재의 삶을 성찰했다. 이 모임은 동아시아 지역에 있는 여러 독일문화원이 베를린에서 활동하는 그래픽·일러스트레이션 팀 '모가모보'Moga Mobo와 협력해 만든 프로젝트였다. 모임 이후 각자 만화를 그리고 함께 책을 낸 다음 전시회를 열었고, 나는 「The Coffe Cup City」라는 만화를 그렸다. 하늘에서 내려온 투명하고 큰 컵이 한 도시를 덮어 버린 이후의 삶에 대한 이야기였다. 그 컵이 경계가 되어, 공장에서 생산된 물건은 더 이상 유통되지 못하고 각종 에너지도 차단된다. 사람들은 결국 쓸모없어진 전자제품을 버리고 자기 집 앞에서 농사를 짓기 시작한다는 내용이다.

일본의 '기쿠' 갤러리에서는 '너에게 보내는 편지'

라는 전시가 열렸다. 한국의 만화가 7인이 일본에 살고 있는 미지의 대상에게 만화로 편지를 보낸다는 설정을 한 전시였다. 이 전시에서는 한 편의 만화를 한 장의 포스터에 담아 전시하고, 관객이 그 포스터를 한 장씩 가져갈 수 있도록 했다. 나는 「다정한 사람에게」라는 제목으로 내 아이의 친구가 되어 달라는 만화를 그렸다. 친구가 된다는 것은 내가 있는 곳에서 친구가 있는 곳까지 세상이 커지고 환해지는 일이라는 이야기를 전시를 통해 전했다.

동생을 생각하며 그린 『소년의 마음』은 출간 후 벨기에 한국문화원에서 한국의 어린이 만화를 소개하려고 연 전시에 초대되었다. 어린이 만화를 그리는 한국과 벨기에 작가들과 함께 만화가의 어린이 시절 사진, 만화가의 작업 도구를 함께 전시했다.

만화가 끝나도 만화가의 일은 계속된다.

{ 18 }

저도 만화를 그릴 수 있을까요?

작은 궁금증 모음

하루 몇 시간 정도 작업하는지?

'집중해서 3시간'이 매일의 목표다. 특별한 일이 없으면 아침 9시부터 5시까지 작업한다.

어떤 종이에 만화를 그리나?

A4 사이즈 켄트지. 홍대 앞 호미화방에서 100장씩 사서 쓰고 있고 가격은 장당 80~90원 정도다. 편하게 사용할 수 있는 저렴한 종이를 추천한다. 그림일기의 경우 어디든 들고 다닐 수 있는 작고 얇은 노트에 그린다.

어떤 펜을 사용하나?

스케치는 스테들러 Mars technico, 그림의 선을 그릴 때는 아트라인 0.5/0.2/0.1을 주로 사용한다. 연필과 볼펜, 검정색 색연필도 사용하고, 컬러는 주로 프리즈마 컬러의 색연필을 쓴다. 가끔 물감도 사용한다. 다양하게 사용해 보고 자신에게 맞는 펜을 찾으면 된다.

한 컷 안에 들어가는 말풍선의 개수는?

1~2개 정도가 적당하다. 3개만 되어도 독자는 어디서부터 읽어야 할지 혼란을 느낀다. 대사가 없는 만화도 있으니 말풍선이 반드시 필요한 것은 아니다.

말풍선 한 개 안에 들어가는 글자 수는?

되도록 많이 넣지 않는 것이 좋다. 너무 길지 않은 문장이어야 한다. 글을 읽느라 한 칸에서 너무 오래 머무르다 보면 만화의 흐름을 놓치게 된다. 결국 재미도 놓치게 된다. 만화의 맛은 술술 읽히는 것이다. 너무 많은 내용을 담으려고 애쓰지 말자.

그리다가 마음에 안 들면 어떻게 하나?

어쨌든 완성한다. 완성하는 습관을 만드는 것이 중요하다.

작업 중 놀 일이 생기면 어떻게 하나?

놀러 간다. 종이와 펜을 챙겨서 간다. 만화가는 늘 해야 할 작업이 많은데 어쩌다 여유가 생기는 날엔 놀자는 사람이 없다. 일 때문에 놀기를 포기하면 평생 못 논다. 놀 일이 생기기 전에 미리 작업해 놓는 것이 가장 좋겠지만.

하루 일과는 어떻게 되나?

새벽 5시에 일어나 일정 정리와 아침 작업을 좀 하는 것으로 하루를 시작한다. 6시부터 40분 정도 요가를 하고 7시가 되면 아침 준비를 해서 가족과 식사를 한다. 오전 8시부터는 아이를 준비시켜 어린이집에 보내고, 오전 9시부터 (본격) 작업을 시작한다. 오후 5시가 되면 아이가 어린이집에서 돌아와 평범한 저녁 시간을 보내고 밤 9시가 되면 취침에 든다.

이것이 내가 생각하는 이상적인 하루 일과다.

대부분 새벽 5시 기상부터 어그러진다.

어린이 만화 그리는 법은?

어른 만화 그리는 법과 똑같다. 대신 주인공만 어린이다. 그런 마음으로 그린다면 어린이 만화라고 더 어렵지는 않을 것이다.

만화로 웃기는 법은?

만화가 꼭 웃길 필요는 없다는 건 알 것이다. 억지로 웃기면 안 웃기다는 것도 알 것이다. 그러니 애쓸 필요 없다. 예상하지 못했던 곳에서 웃을 것이고, 의도하지 않았던 곳에서 감동할 것이다.

작가 소개 쓰는 법은?

생년월일이나 졸업한 학교, 받은 상을 나열하지 말고, 이 만화를 그리고 있는 지금 내 모습과 내 마음을 소개하자. 『소년의 마음』을 출간할 당시 나는 작가 소개에 이렇게 썼다.

> 남동생과 싸우지 않는다. 싸우면 그날은 힘들더라도 다음 날엔 먼저 전화한다. 그런 누나가 되고 싶은, 그림 그리는 게 세상에서 제일 재미있는 만화가다.
> 지은 책으로는 『시간이 좀 걸리는 두 번째 비법』, 『우주의 정신과 삶의 의미』, 『이백오 상담소』, 『파리라고 와 봤더니』, 『애쓰지 말고, 어쨌든 해결』이 있다.
> *sobogi.net*

지금의 그림체 말고 다른 그림체로도 그릴 수 있나?

새로운 작업을 시작할 때마다 새로운 그림체로 그려 보려고 애쓴다. 펜을 바꾸거나 채색 방법을 바꾸기도 한다. 그러나 그게 쉽게 바뀌질 않는다. 내게도 숙제다.

만화 속 글자들은 직접 쓴 글씨인지? 일부러 배웠나?

내 만화의 글자는 직접 쓴다. 배우진 않았고 또박또박

알아보기 좋게 쓰려고 애쓴다. 만화 속 글씨는 예쁜 글씨일 필요는 없고 잘 알아볼 수 있으면 된다. 그게 어려우면 컴퓨터에 있는 서체를 사용해도 상관없다. 하지만 예쁘지는 않더라도 나만 쓸 수 있는 내 글씨가 내 만화의 개성을 좀 더 살려 주는 것 같다.

만화 말고 어떤 그림을 그리나?

포스터도 그린다. 로고도 만든다. 캐리커처도 그린다. 홍보 책자 등에 삽화도 그린다.

왜 컴퓨터로 그림을 그리지 않나?

새로운 문물에 빨리 적응하지 못하는 성격 탓이다. 운전면허증도 없고, 최근에 2G폰을 4G폰으로 바꿨는데 그것도 스마트폰이 아니다. 삐삐도 남들보다 오래 썼던 기억이 난다. 굳이 나의 이런 부분을 변명하자면 손으로 작업할 때의 투박하고 어설픈 느낌이 마음에 들고, 'ctrl+z'(되돌리기)를 할 수 없어 아쉬운 상태의 그림을 좀 좋아한다.

엄마가 만화책을 보지 말라고 하는데?

그렇다고 안 보지 않는다는 걸 안다. 만화와 그 외 다른 장르를 굳이 구별하는 것은 시대착오적이라고 생각한다.

아는 사람을 그려도 되나?

그 아는 사람과 협의 후 그리는 게 좋다. 협의를 하더라도 그 아는 사람이 불편해할 경우가 간혹 있으므로 많이 배려하며 그려야 한다. 그 아는 사람이 알아볼 수 없을 정도로 외모나 성격, 이야기를 많이 변형해서 그리는 방법도 있다. 나의 경우 가족들은 그냥 그린다. 감사하게도 만화가의 가족은 만화의 등장인물이 되는 게 일상이 (된)다.

만화가 안 그려질 땐 어떻게 하나?

만화가가 되면 안 그려진다고 가만히 있을 시간이 없다. 나는 책상 한쪽에 재밌는 책을 여러 권 빌리거나 사 놓고 작업이 안 될 때마다 손이 가는 대로 읽는다. 책상 가운데에는 만화 작업을 펼쳐 놓는다. 책을 읽다 보면 작업에 자극을 받는 경우가 많다. 그러면 책 읽기를 멈추고 다시 작업을 한다. 이렇게 반복하며 그 시간을 넘긴다.

만화가들은 어떤 대화를 하나?

마음속에 오래오래 남아 있는 기억이 있다. 회사를 그만두고 만화를 시작한 지 얼마 되지 않았을 때다. 나를 포함해 우리 집에 모였던 만화가들은 만화를 그리는 것만으로는 생계가 어려워 모두 다른 아르바이트를 하면서 지냈다. 그 와중에 우리의 대화는 늘 "다음 작업 뭐 하지?"였다. 그런 이야기를 주로 많이 나누는 것 같다. 그런데 아무도 만화를 그만둔다는 얘기는 하지 않았다.

내가 다니던 회사 사람들은 매일 회사 그만둔다는 얘기만 했다.

만화 제목 정하는 법은?

첫 책 『시간이 좀 걸리는 두 번째 비법』의 제목을 정할 때, 출판사 편집장님과 실장님, 만화가 몇 명이 우연히 한자리에 있었다. 아무 말이나 던져 보는 가벼운 자리였는데, 그 자리에서 '시간', '비법' 등의 단어가 나왔다. 그 단어들을 조합해 제목을 만들었다. 내가 정한 가제는 '어디까지 왔니'였다.

『우리 집은 너무 커』는 원래 '우리 집은 너무 작아'였는데, 동명의 책이 있어서 편집자님의 제안으로 '작아'를 '커'로 바꾸었더니 더 좋은 제목이 되었다.

『이백오 상담소』와 『구백구 상담소』는 205호와 909호, 상담소 호수를 표현한 것인데, 숫자지만 사람 이름 같으면 좋겠다는 생각에 지은 제목이다.

　요즘은 가장 가까이에서 자주 보는 짝꿍이 던져 주는 말로 제목을 만들고 있다. 참여연대 소식지 『참여사회』에 연재하는 「이럴 줄 몰랐지」는 짝꿍과의 결혼과 출산에 후회와 혼란을 겪고 있는 나를 보고 아이러니하게 짝꿍이 딱 맞게 지어 주었고, 「어쨌든 해결사」는 친구들과 여행을 가서, 여행 내내 제목 짓기 공모를 했는데 100여 개의 말도 안 되는 '○○○ 해결사' 중 짝꿍이 낸 것이 선정된 것이다. 상품은 냉면과 튀김 만두였다.

　제목을 먼저 짓고 만화를 그리는 경우도 있지만, 가제를 짓고 만화를 다 그린 후 제목을 붙이기도 한다. 제목은 만화책의 판매와도 밀접한 연관이 있어서 내가 정한 제목보다 출판사에서 제안해 준 제목을 쓰기도 한다. 「어쨌든 해결사」는 연재할 때의 제목이었고, 책으로 나올 때는 『애쓰지 말고, 어쨌든 해결』로 제목이 바뀌었다. 보통 출간 시에는 출판사 사람들과 의논해 정하지만 나 혼자 제목을 정한 것도 있다. 「엄마 말고 이모가 해 주는 이야기」, 「소복이가 책 읽어 줍니다」, 「어떻게 나에게 왔니」는 만화의 질문, 혹은 예고 같은 제목이다. 앞으로

이 만화에서 어떤 이야기를 할 것인지가 제목에 나와 있다. 나는 만화를 그릴 때 제목이 확정되어야 그다음 작업이 잘 풀리는 편이다.

표지 그리는 법은?

표지를 딱 그려 놓고 만화를 만들지 않는다. 표지는 만화 작업을 모두 마치고, 편집 작업도 마무리되어 갈 때쯤 시작한다. 주로 북디자이너가 대략의 구성을 한 후 그림을 제안하는 경우가 많다. 표지는 정말 중요하므로 많은 사람의 의견을 반영하여 작업한다. 북디자이너와의 원활한 작업을 위해 표지 스케치를 보내서 확인을 여러 번 받고, 펜 작업과 컬러 작업을 진행한다. 제목도 내 손글씨로 작업하는 경우가 있는데, 제목은 그림과 분리될 수 있게 따로 쓰는 것이 디자인 작업에 도움이 된다.

필명 만드는 법은?

내 눈은 작기도 하고 소복하게 살이 많이 덮혀 있는 눈이다. 스무 살 무렵 만난 사람들이 나를 놀린다고 '소복이'라고 불렀다. 그 이후로 소복이는 내 별명이 되었는데, 첫 만화책을 출간하기 전 다른 멋진 필명(왠지 영어가 들어간…)을 구상했으나 시간 관계상 더 나은 이름이 생각나지 않아 그냥 소복이로 필명을 정했다. 그 당시 김수박, 월곡동 등 다른 작가들 필명 앞에서 소복이라는 필명은 너무 귀여운 느낌이라 부끄럽기도 했다.

따라 쓰고 싶은 멋진 필명도 만화 작업이 따라 주지 못하면 더 이상 부러운 필명이 되지 못한다. 심심하고 평범한 필명도 훌륭한 만화 작업이 이어 준다면 그만큼 대단한 필명도 없어 보인다. 그러니 필명 정하는 것에 너무 큰 노력을 할 필요는 없을 것 같다.

큰 노력 없이 필명을 만들고 싶다면 별명을 필명으로 한다. 지금 별명이 없다면 어릴 때 별명도 좋다. 별명이 없다면 좋아하는 과일이나 물건을 내 성 뒤에 붙여 본다. 좋아하는 책이나 만화의 주인공을 필명으로 써 봐도 좋을 것 같다.

만화의 그림이나 글 수정 요청이 있을 때 어떻게 하나?

만화를 의뢰한 곳의 의견을 존중하는 편이다. 하지만 나의 확실한 의도가 있다면 수정하지 않는 방향으로 설득해 보는 것도 좋다. 설득해도 수정을 원한다면, 나는 수정을 하는 편이다. 그런데 스케치 작업이 통과되어 펜과 컬러 작업이 끝났는데 무리한 수정을 원한다면 거절하는 것이 맞다.

만화를 그리면 뭐가 좋은가?

인생이 달라진다. 건강식품 광고 같지만, 진짜다.

끊임없이 자신에게서 나오는 이야기를 듣고 정리하고 표현하는 일, 그리고 끊임없이 손을 움직여 그려 내는 일은 수행과도 비슷하다. 나를 건강하게 만들고 내 주위를 살펴보게 만든다. 결국 행복해진다.

만화를 전문가에게 배워야 그릴 수 있나?

작가의 문하생 시절을 거쳐서 만화가가 되는 것이 만화가가 되는 일반적인 방법이었다. 아마 작가의 집중적인 가르침을 받는 문하생은 사라진 것 같고, 만화가의 작업을 돕는 어시스턴트가 생겼다. 대학에서도 만화 관련한 전공이 많이 생겼고, 그에 따라 학원도 넘쳐 나고 있다. 대학이나 학원이 만화에 좀 더 가깝게 다가갈 수 있는 계기를 만들어 줄 수 있으나 결국 그리는 것은 작가의 일이다. 전문가에게 배우기에는 우리가 만화를 너무 많이 봐 왔고 이미 많이 알고 있다. 그러니 배우지 말고 그냥 그리자.

어떤 종류의 만화를 그릴까? 대안 만화, 역사 만화, 순정 만화, 어린이 만화?

내가 처음 만화를 시작했던 '새만화책'은 대안 만화 출판사였다. 대안 만화는 작가주의 만화라고도 하는데, 주류를 이루던 만화에서 벗어나 새로운 시도를 하는 만화 전부를 말한다. 특히 자전 만화를 그리던 사람들이 주위에 많이 있었고, 나도 그렇게 만화를 그리기 시작했다. 아마 대안 만화로 만화를 시작하지 않았다면 만화가가 되지 못했을 것이라 생각된다.

작정하고 만화 장르를 정해 놓고 작업하는 작가는 별로 없을 것이다. 하지만 어느 한 장르에 치중되기도 하는데, 처음 만화를 그리고 나면 그 장르에 익숙해지기도 하고 더 하고 싶은 이야기가 연달아 떠오르기 때문일 것 같다. 역사 만화를 주로 그리는 작가님께 다른 장르의 만화도 그리고 싶지 않냐고 질문했을 때 역사 만화도 그릴 게 너무 많아 이걸 다 그리고 더 이상 그릴 게 없을 때, SF 만화를 그리고 싶다고 대답했다. 나는 자전 만화를 시작으로 어린이 만화, 상담 만화, 판타지 만화, 시 만화 등을 그렸고 이제 순정 만화도 그려 보고 싶다.

모두들 장르 따위는 고민하지 말고 무엇이든 마음껏 그려 보시길!

만화 그리는 법
: 당신도 만화가가 될 수 있다!

2021년 8월 4일　　　초판 1쇄 발행
2024년 5월 4일　　　초판 4쇄 발행

지은이
소복이

펴낸이	**펴낸곳**	**등록**	
조성웅	도서출판 유유	제406-2010-000032호(2010년 4월 2일)	

주소
경기도 파주시 돌곶이길 180-38, 2층 (우편번호 10881)

전화	**팩스**	**홈페이지**	**전자우편**
031-946-6869	0303-3444-4645	uupress.co.kr	uupress@gmail.com

	페이스북	**트위터**	**인스타그램**
	facebook.com /uupress	twitter.com /uu_press	instagram.com /uupress

편집	**디자인**	**마케팅**	
사공영, 김은경	이기준	전민영	

제작	**인쇄**	**제책**	**물류**
제이오	(주)민언프린텍	다온바인텍	책과일터

ISBN 979-11-6770-003-2 04810
　　　979-11-85152-36-3 (세트)

편집자공부책

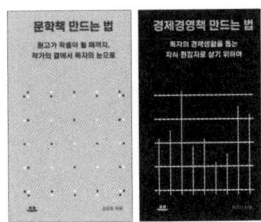

문학책 만드는 법
**원고가 작품이 될 때까지,
작가의 곁에서 독자의 눈으로**

강윤정 지음

문학 편집자는 작가마다 품고 있는
'저마다 다른 세계'를 가장 먼저
엿보고, 책을 통해 그 세계를 독자에게
전한다는 공동의 목표를 향해
달리는 작가의 '러닝메이트'다. 10년
넘게 문학책을 만들어 온 편집자가
자신의 실제 업무일지를 바탕으로
러닝메이트의 일이 무엇인지, 어떤
고민과 선택의 과정을 거쳐 문학책을
만드는지 구체적으로 보여 준다.

경제경영책 만드는 법
**독자의 경제생활을 돕는
지식 편집자로 살기 위하여**

백지선 지음

경제경영으로 분류되는 수많은
하위 분야 책의 특징과 각각의 책을
기획하고 편집하는 방법에 대한
이야기를 다룬다. 지난 20년간
비교적 규모가 큰 종합 출판사에서
일하며 미래 전망, 소비 트렌드 예측,
부동산·주식 투자 등을 포함한 재테크,
자기계발 등 다양한 경제경영책을
기획·편집한 저자는 이 책을 통해
그간 성실히 정리해 온 시대별
경제경영책의 트렌드, 세부 분야별
시장 분석 자료, 구체적인 기획 방법
등을 제시한다. 경제경영책을 만드는
편집자는 물론, 자기 분야에서 새로운
경제경영책을 쓰고자 하는 저자, 그간
읽어 온 경제경영책의 흐름을 한눈에
파악하고자 하는 독자 모두에게
유익한 도움이 될 것이다.

역사책 만드는 법
**내가 좋아하고 잘하는 분야의
전문 편집자로 일하기 위하여**

강창훈 지음

자신이 가장 좋아하고 잘할 수 있는 일이 역사 분야에 있음을 일찌감치 깨닫고 20년 가까이 역사책을 만들어 온 편집자이자 어린이와 청소년을 위한 역사책을 쓰는 작가가 역사책을 기획하고 편집하는 일에 대해 이야기한다.
역사란 인류 사회의 변천과 흥망을 뜻하며, 이는 철학, 정치, 경제, 예술, 문학 등 모든 분야에서 이루어지기 때문에 역사책의 범위는 넓고 깊다. 저자는 역사에 대한 편집자의 꾸준한 관심과 공부가 바탕이 된다면, 역사라는 한 분야에서 넓고 깊게 확장하는 역사책을 만들 수 있다고 말한다. 이를 위해 오랜 시간 역사책을 읽고 만들고 옮기고 써 온 자신의 전방위적 경험을 이야기하며 역사책의 특징을 짚고, 역사책을 기획할 때 준비해야 할 것, 역사책을 편집할 때 특히 고민해야 할 지점을 안내한다.

실용책 만드는 법
**새로운 경험을 제안하는 콘텐츠를
맛있게 요리하기 위하여**

김옥현 지음

기획은 편집자가 하더라도 집필은 오롯이 저자가 해야 하는 다른 분야 책과 달리 실용책 편집자는 콘텐츠를 만드는 일에 직접 관여한다. 저자가 가진 레시피를 보고 책에 넣을 메뉴를 구상하고 저자의 역량을 가장 돋보이게 해 줄 사진가와 스타일리스트를 섭외해서 촬영을 진행한 후 완성도 높은 결과물을 뽑아낸다. 책을 읽는 독자에게 단순히 읽는 것을 넘어 새로운 라이프스타일을 경험할 기회를 제공하는 것까지가 편집자의 일. 잡지 에디터에서 단행본 편집자로, 다시 잡지 편집장에서 출판사 대표로, 다양한 매체를 경험하고 여러 현장을 섭렵한 저자가 기획부터 출간까지 각 과정에서 편집자가 도맡아 할 일을 명료하고도 간결하게 전달한다.

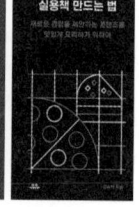

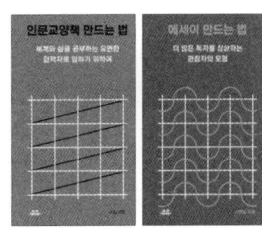

인문교양책 만드는 법
세계와 삶을 공부하는 유연한 협력자로 일하기 위하여
이진 지음

인문교양책 편집자의 기획과 편집은 결국 자신의 삶에서 나올 수밖에 없기에 일을 더 잘하기 위해서는 사적인 삶을 저 뒤로 밀쳐 둘 것이 아니라 더 적극적으로 지키고 돌보아야 한다. 자신과 타인의 삶을 함께 살필 줄 알고, 우리 사회가 간과하는 가치들에 대해 한번쯤 예민하게 고민해 본 독자들에게 큰 공감을 얻은 인문교양책을 꾸준히 만들어 온 15년 차 편집자의 일에 관한 이야기. 살아가며 확장되는 시각을 책으로, 책 만들며 얻은 지혜를 삶으로 가져가고 데려오며 성장해 온 과정이 담겨 있다.

에세이 만드는 법
더 많은 독자를 상상하는 편집자의 모험
이연실 지음

'진정성의 전쟁터', 에세이 시장에서 빛나는 책, 팔리는 책을 꾸준히 만들어 온 선수 편집자의 작전 파일. 에세이는 현재 출판시장에서 가장 잘 팔리는 장르이고 처음으로 글을 쓰는 저자, 책과 친하지 않은 독자에게까지 사랑받는 장르다. 그런만큼 독자에게 선택받는, 눈에 띄는 에세이를 만들려면 치밀한 작전이 필요하다. 마음을 움직이는 제목은 어떻게 찾고, 인생이 담긴 저자의 글은 어떻게 만져야 하는지, 집필 경험이 없는 생활인을 어떻게 하면 작가로 만들 수 있는지 등 에세이 기획과 편집에 필요한 여러 가지 노하우가 알뜰살뜰 담겨 있다. 편집자는 물론 작가에게도 도움이 될 내용이 가득하며 '좋은' 에세이를 찾고 읽는 독자에게도 따뜻한 감동을 줄 것이다.

사회과학책 만드는 법
시대에 필요한 질문을 던지는 편집자의 공부

김희진 지음

책은 사회에 생각할 거리를 던져 주고, 공부하고 질문하고자 하는 사람에게 신뢰 자원이 가장 풍부한 매체다. 더군다나 사회 분야 책은 특정 분야를 꾸준히 연구하는 연구자와 우리 사회의 문제를 민첩하게 취재하고 다루는 언론이 큰 두 줄기를 형성하기에, 이 분야 책을 만드는 편집자라면 두 갈래의 공부에 소홀하면 안 된다. 이에 사회적 메시지가 담긴 책을 꾸준히 만들어 온 편집자가 사회 분야 편집자에게 필요한 덕목, 즉 독자 '군'을 예상하고 그들이 호응할 만한 좋은 책의 재료가 될 키워드를 찾는 법, 아카데미즘과 저널리즘 사이에서 안목 있는 편집자로 성장하는 법에 대한 이야기를 담아냈다.

과학책 만드는 법
끝없는 호기심으로 진리를 탐구하는 저자와 독자를 잇기 위하여

임은선 지음

자신도 모르게 과학의 매혹에 빠져 17년 동안 과학책 전문 편집자로 일하고 있는 임은선 편집자가 말하는 과학책 만드는 이야기. 순수하게 진리 탐구를 사랑하는 사람들, 즉 과학책 저자와 과학책 애독자, 그리고 과학책 편집자들에게 과학이라는 진리 탐구의 과정이 어떻게 한 권의 책으로 담기는지 보여 준다. '참고 문헌 참조법', '과학자와 이야기 나누는 법', '편집 노트 쓰기' 등, 과학책을 두루 기획 편집한 경험을 바탕으로 과학을 전공하지 않은 사람이 과학책을 어떻게 효과적으로 만들 수 있는지 비법을 전수한다.

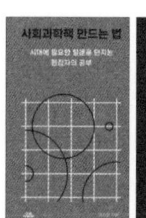
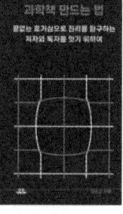